江苏高校优势学科建设工程
教育部人文社会科学研究青年基金项目（20YJC790080） 联合资助
国家自然科学基金青年项目（42001145）

南京大学人文地理优秀博士文丛

旅游空间交互网络与区域嵌套机制研究

刘培学·著

南京大学出版社

总　序

自 1921 年竺可桢先生创立地学系以来，南京大学地理学已走过百年发展路程。百年历史见证了南京大学人文地理学科发展的历程与辉煌，彰显了南京大学人文地理学科对中国当代人文地理学发展的突出贡献。

南京大学是近代中国人文地理学科发展的奠基者。从南京高等师范学校 1919 年设立的文史地部，到国立东南大学地学系，再到 1930 年建立地理系，一直引领着中国近代地理学科建设与发展；介绍"新地学"，讲授欧美的"人地学原理""人生地理"，以及区域地理、世界地理、政治地理、历史地理、边疆地理和建设地理等，创建了中国近代人文地理学学科体系。南京大学的人文地理一贯重视田野调查，1931 年"九·一八"事变前组织的东北地理考察团，随后又开展的云南、两淮盐垦区考察以及内蒙古、青藏高原等地理考察，还有西北五省铁路旅游、京滇公路六省周览等考察，均开近代中国地理考察风气之先；1934 年，竺可桢、胡焕庸、张其昀、黄国璋等先生发起成立中国地理学会，创办了《地理学报》，以弘扬地理科学、普及地理知识，使南京大学成为当时全国地理学术活动的组织核心。人文地理学先驱和奠基人胡焕庸、张其昀、李旭旦、任美锷、吴传钧、宋家泰、张同铸、曾尊固等先生都先后在南京大学人文地理学科学习或教学、研究。早在 1935 年，任美锷先生、李旭旦先生就翻译出版了法国著名人文地理学家白吕纳的《人地学原理》，介绍了法国人地学派；1940 年设立中央大学研究院地理学部培养硕士研究生，开展城市地理与土地利用研究；20 世纪 40 年代，任美锷先生在国内首先引介了韦伯工业区位论，并撰写了《建设地理学》，产生了巨大影响；胡焕庸先生提出了划分我国东南半壁和西北半壁地理环境的"胡焕庸线"（瑷珲—腾冲的人口分布线，现称黑河—腾冲），被广泛认可和引用，是中国地理学发展的重要成果。张其昀、沙学浚先生所著《中国区域志》及《中国历史地理》《城市与似城聚落》等，推进了台湾地区人文地理学科研究和教育的发展。竺可桢先生倡导的"求是"学风、胡焕庸先生倡导的"学业并重"学风，一直引领着南京大学人文地理学科的建设与发展。

南京大学积极推进当代中国人文地理教育，于1954年在全国最早设立了经济地理专业；1977年招收城市区域规划方向，1979年吴友仁发表《关于中国社会主义城市化问题》，引起了学界对于中国城市化问题的关注，也推动了城市规划专业教育事业发展；1983年兴办了经济地理与城乡区域规划专业（后为城市规划专业），成为综合性高校最早培养理科背景的城市规划人才的单位之一；1982年与国家计划委员会、中国科学院自然资源综合考察委员会合作创办了自然资源专业（后为自然资源管理专业、资源环境与城乡规划管理专业）；1991年又设立了旅游规划与管理专业（现为旅游管理专业）。这不仅为培养我国人文地理学人才提供了多元、多领域的支撑，而且也为南京大学城市地理、区域地理、旅游地理、土地利用、国土空间规划等人文地理学科的建设与发展提供了有力的支撑。

南京大学不仅在人文地理专业教育与人才培养方面发挥了引导作用，在人文地理学科建设方面也走在全国前列，当代人文地理学教学与研究中名家辈出。张同铸先生的非洲地理研究、宋家泰先生的城市地理研究、曾尊固先生的农业地理研究、崔功豪先生的区域规划研究、雍万里先生的旅游地理研究、包浩生先生的自然资源与国土整治研究、彭补拙先生的土地利用研究、林炳耀先生的计量地理研究等，都对我国人文地理学科建设与发展产生了深远的影响，在全国人文地理学科发展中占据着重要的地位。同时，南京大学人文地理学科瞄准国际学科发展前沿和国家发展需求，积极探索农户行为地理、社会地理、信息地理、企业地理、文化地理、女性地理、交通地理等新的研究领域，保持着人文地理学学科前沿研究和教学创新的活力。

南京大学当代人文地理学科建设与发展，以经济地理、城市地理、非洲地理、旅游地理、土地利用与自然资源管理、国土空间规划为主流领域，理论和应用并重，人文地理学的学科渗透力和服务社会能力得到持续增强，研究机构建设也得到了积极推进。充分利用南京大学综合性院校多学科的优势,注重人文地理学科与城乡规划学科融合发展,并积极响应国家2019年提出的构建国土空间规划体系建设要求,在地理学学科设立了土地利用与自然资源管理、国土空间规划等二级学科,引领了我国国土空间规划领域的博士生人才培养,整合学科资源,建设南京大学人文地理研究中心及国土空间规划研究中心。按照服务国家战略、服务区域发展以及协同创新的目标,与中国土地勘测规划院等单位共建自然资源部碳中和与国土空间优化重点实验室,与江苏省土地勘测规划院共建自然资源部海岸带开发与保护重点实验室。此外,还积极推进人文地理学科实验室以及工程中心建设,包括建设南京大学江苏省智慧城市仿真工程实验室、江苏省土地开发整理技术工程中心等,积极服务地方发展战略。

南京大学当代人文地理教育培养了大量优秀人才,在国内外人文地理教学、研究及区域管理中发挥了中坚作用。如,中国农业区划理论主要奠基人——中国科学院地理科学与资源研究所邓静中研究员;组建了中国第一个国家级旅游地理研究科学组织,曾任中国区域科学协会副会长,中国科学院地理科学与资源研究所的郭来喜研究员;中国科学院南京分院原院长、中国科学院东南资源环境综合研究中心主任、著名农业地理学家佘之祥研究员;中国区域科学协会副会长、中国科学院地理科学与资源研究所著名区域地理学家毛汉英研究员;我国人文地理学培养的第一位博士和第一位人文地理学国家自然科学基金杰出青年基金获得者——中国地理学会原副理事长、清华大学建筑学院顾朝林教授;教育部人文社会科学重点研究基地河南大学黄河文明与可持续发展研究中心主任、黄河学者苗长虹教授;中国城市规划学会常务副理事长石楠教授级高级城市规划师;中国城市规划设计研究院原院长杨保军教授级高级城市规划师;自然资源部国土空间规划研究中心张晓玲副主任;英国社会科学院院士、伦敦大学政经学院城市地理学家吴缚龙教授等,都曾在南京大学学习过。曾任南京大学思源教授的美国马里兰大学沈清教授,南京大学国家杰出青年基金(海外)获得者、美国犹他大学魏也华教授也都在人文地理学科工作过,对推进该学科国际合作起到了积极作用。

南京大学当代人文地理学科建设与发展之所以有如此成就,是遵循了任美锷先生提出的"大人文地理学"学科发展思想的结果,现今业已形成了以地理学为基础学科,以经济学、历史学、社会学、公共管理、城乡规划学等学科为交融的新"大人文地理科学"学科体系。南京大学正以此为基础,在弘扬人文地理学科传统优势的同时,通过"融入前沿、综合交叉、服务应用"的大人文地理学科发展理念,积极建设和发展"南京大学人文地理研究中心"(www.hugeo.nju.edu.cn)。

新人文地理学科体系建设,更加体现了时代背景,更加体现了学科融合的特点,更加体现了人文地理学方法的探索性,更加体现了新兴学科发展以及国家战略实施的要求。尤其是在教育部新文科研究与改革实践项目支持下,南京大学人文地理学科联合城乡规划、公共管理等学科,牵头实施了"面向国土空间治理现代化的政产学研协同育人机制创新与实践",为人文地理学跨学科融合发展提供了新的契机。为此,南京大学人文地理学科组织出版并修订了《南京大学人文地理丛书》,这不仅是南京大学人文地理学科发展脉络的延续,更体现了学科前沿、交叉、融合、方法创新等,同时,也是对我国人文地理学科建设与发展新要求、新趋势的体现。

《南京大学人文地理优秀博士文丛》将秉承南京大学人文地理学科建设与发展的"求是"学风,"学业并重",积极探索人文地理学科新兴领域,不断深化发展人文地理学理论,努力发展应用人文地理学研究,从而为我国人文地理学科建设添砖加瓦,为国内外人文地理学科人才培养提供支持。

我们衷心希望《南京大学人文地理优秀博士文丛》能更加体现地理学科的包容性理念,不仅反映南京大学在职教师、研究生的研究成果,还反映南京大学校友的优秀研究成果,形成体现南大精神、反映南大文化、传承南大事业的新人文地理学科体系。衷心希望《南京大学人文地理优秀博士文丛》的出版,不仅展现南京大学人文地理学的最新研究成果,而且能够成为南京大学人文地理学科发展新的里程碑。

前　言

　　旅游流是旅游研究的核心问题之一。移动互联新时代和高速交通体系完善的背景下,研究复杂多变又全域扩散的大众游客出行,对于系统认知游客流动模式及在空间中的交互机制提供了机遇,也提出了挑战。

　　本书的主体内容针对江苏省 4A 级及以上旅游景区,利用月度客流数据等多种来源的丰富数据,尝试建构适宜的方法论与方法框架应对日益复杂的"流动空间"问题。在定量分析省域入游客流总量的景区位序规模特征、季节特征与空间格局,以及省域内多目的地客流的移动模式、关联规则与扩散的时空分异的基础上,通过多目的地旅游扩散流复杂网络的拓扑结构、区域分异与关联性特征,对区域旅游流网络的形成和演化动力采用指数随机图模型进行网络交互的综合考察。继而采用 GWR 地理加权回归分析研究旅游景区客流与在网络中位置的影响因素及其空间分异。通过对定量研究结果归纳总结,揭示了旅游客流扩散与空间交互的动态规律,探索了旅游流复杂网络形成和演化的规律与机理,旨在为区域目的地均衡发展提供科学支撑和决策依据。主要研究结论如下:

　　(1) 江苏省域旅游景区的客流位序—规模特征方面,省外客源的旅游流分布较省内客源差异大,更符合首位型分布特征。景区客流规模在苏北、苏南呈现逐渐强化的不规则帕累托分布,苏北表现出更强的长尾效应,苏中较为均衡,城市旅游客流的经济均衡比差异较大。结合季节性差异、基尼系数、泰尔系数、季节性比率,对省域景区旅游客流规模的季节差异及特征进行了分析。气候的季节性与长假效应会导致部分区域或核心景区游客量集中。全省客流整体的季节性不明显,具体景区间分化差异明显。省外旅游流全年整体在西北—东南方向随季节迁移,部分目的地旅游旺季和黄金周出游高峰等对旅游重心有明显影响。

　　(2) 不同客源或出游模式的游客在出游偏好地域及距离尺度上存在空

间性差异,单目的地游客的分布与省内游客分布相似;多目的地省外游客的空间分布与全年省外客流情况类似,且范围更加集中。根据增量空间自相关分析结果,旅游流空间交互的敏感距离尺度为 75 km 与 125 km。根据大样本抽样的多目的地游客移动模式统计,随着距离的增加,旅游人次会逐渐减少,但在 80 km 和 200 km 区段存在局部高值,对应多目的地线路长度的区段阈值。游线类型上,出游高峰带来线路的多样性增加,受出游距离约束更少。

(3) 省域旅游流网络呈现复杂网络结构,具有小世界网络和无标度网络特性。江南地区为主要的旅游扩散区域,网络密度较大,景区间交互较密切。旅游流网络会随出游量和偏好变化而产生结构变化。基于社团划分的目的地区域与空间区域间存在跃迁扩散现象。城市内景区网络结构呈现从简单到复杂的演化规律,由初级的链式与单中心式等非网络形式,随景区数和客流量增加而呈现初步网络、聚核网络、多核网络等网络结构。

(4) 目的地旅游流交互受景区客流量、属性特征、空间距离和网络结构的共同作用。客流量与旅游流网络的各结构指标间有显著的相关性。5A 级景区占据网络的中心位置,更容易获得客流和来自网络中结构关系的支持。景区间距离对是否形成扩散关系有衰减作用。微观网络结构模体 F8R 和 FKX 对旅游流网络影响最显著,部分景区有明显的结构洞优势。旅游流网络中并不倾向于互惠性关联;出 2 星的微观模体结构则可以提高空间关联的形成概率。客流规模较高的景区间内部关联概念较高;同城间景区关联是非同城的 1.66 倍。

(5) 省域景区时空格局、多目的地移动行为模式和景区不同属性特征共同影响旅游流空间交互,城市网络与旅游流网络通过交互嵌入,形成省域内的次级目的地区域。景区等级越高,对景区旅游流网络核心值和客流量有正向影响,且对网络重要性指标的影响更大。门票价格会降低在旅游流网络中的核心度和总体接待的游客量,但在多目的地客流量方面存在微弱正向影响。满意度对景区旅游流网络核心值有显著正向影响,对客流量影响不显著。网络评价量代表的景区吸引力指标对客流量有正向影响,其中,对多目的地游线客流的影响更大,而对景区在网络中的节点重要性影响不显著。旅游流随景区距离市中心越远而降低;景区周边区域内旅游服务设施的水平对各旅游流变量均为正向影响,对游线客流有更强影响。提高景区等级,对年客流量和线路客流量的影响从江苏南部到北部依次降低。

目 录

上篇　大数据背景下的旅游流空间理论

第一章　移动互联时代的旅游研究 ·················· 003
　1.1　认识移动互联时代的全民旅游 ·················· 003
　1.2　认识大数据时代的旅游研究与应用 ·················· 005

第二章　相关领域研究进展 ·················· 010
　2.1　相关概念的再认识 ·················· 010
　　2.1.1　旅游流的概念 ·················· 010
　　2.1.2　旅游流研究的基本特征 ·················· 012
　2.2　旅游流模式与区域交互研究 ·················· 014
　　2.2.1　旅游流空间模式与目的地区域 ·················· 014
　　2.2.2　旅游流空间分布研究 ·················· 016
　　2.2.3　旅游流时间分布研究 ·················· 018
　　2.2.4　旅游空间交互的影响因素 ·················· 020
　2.3　旅游线路模式与网络研究 ·················· 021
　　2.3.1　旅游线路模式研究 ·················· 021
　　2.3.2　旅游线路的网络研究 ·················· 023
　2.4　基于大数据的旅游空间行为研究 ·················· 026
　　2.4.1　旅游大数据来源 ·················· 027
　　2.4.2　基于大数据的旅游流多尺度时间特征研究 ·················· 030
　　2.4.3　基于大数据的旅游流多尺度空间特征 ·················· 031
　　2.4.4　基于大数据的人类空间移动行为模式研究 ·················· 033

2.5 国内外研究主题内容对比与展望 ·· 035
  2.5.1 国内研究进展 ·· 035
  2.5.2 研究主题对比与展望 ·· 036
  2.5.3 研究方法对比与展望 ·· 038

下篇　旅游流空间交互网络案例研究

第三章　案例选取与研究设计 ·· 043
3.1 研究目标与意义 ·· 043
  3.1.1 问题提出 ··· 043
  3.1.2 研究目标 ··· 044
  3.1.3 研究意义 ··· 045
3.2 研究内容与技术路线 ·· 046
  3.2.1 研究内容框架 ·· 046
  3.2.2 研究方法 ··· 048
  3.2.3 技术路线 ··· 049
3.3 研究方法与数据来源 ·· 052
  3.3.1 数据来源 ··· 052
  3.3.2 主要研究方法 ·· 056

第四章　目的地区域旅游流时空分异 ·· 059
4.1 景区旅游流省域位序规模特征 ·· 060
4.2 景区旅游流季节性测度 ·· 062
  4.2.1 区域旅游流重心轨迹季节演化 ·· 066
  4.2.2 景区旅游流时间序列聚类 ·· 067
4.3 景区旅游流省域空间格局 ·· 069
  4.3.1 分城市客流分布差异分析 ·· 071
  4.3.2 省域目的地竞争格局特征 ·· 074
4.4 旅游流空间集聚与分异特征 ··· 076
  4.4.1 旅游流空间集聚特征 ·· 076
  4.4.2 旅游流的增量空间自相关分析 ·· 078

  4.5 景区客流规模的影响因素分析 …………………………… 081
  4.6 本章小结 …………………………………………………… 084

第五章 多目的地旅游流的复杂网络结构 …………………………… 087
  5.1 多目的地旅游流的移动模式与扩散特征 ………………… 087
    5.1.1 游客路径轨迹移动模式 …………………………… 087
    5.1.2 多目的地旅游流扩散的时空分异 ………………… 090
    5.1.3 多目的地关联规则挖掘 …………………………… 093
  5.2 多目的地旅游流的网络结构 ……………………………… 097
    5.2.1 旅游流网络的整体结构 …………………………… 097
    5.2.2 旅游流复杂网络整体分析 ………………………… 099
    5.2.3 多尺度区域旅游流网络的结构特征 ……………… 103
  5.3 目的地区域间旅游流交互作用 …………………………… 108
    5.3.1 基于模块度的旅游流网络社团划分 ……………… 108
    5.3.2 目的地社团区域间旅游流网络交互强度 ………… 111
    5.3.3 目的地区域的网络特征分异 ……………………… 113
  5.4 旅游流交互的局部结构特征 ……………………………… 115
    5.4.1 旅游流微观尺度网络模体分析 …………………… 115
    5.4.2 节点的局部结构重要性分析 ……………………… 119
  5.5 本章小结 …………………………………………………… 121

第六章 目的地旅游流网络交互机制 …………………………………… 122
  6.1 多目的地旅游流网络的影响因素 ………………………… 122
    6.1.1 旅游流网络特征与客流量相关性分析 …………… 122
    6.1.2 景区类型与旅游流网络的关系检验 ……………… 124
    6.1.3 景区等级与旅游流网络的关系检验 ……………… 125
  6.2 多目的地旅游流网络交互的距离作用 …………………… 127
  6.3 多目的地旅游流网络交互的统计推断建模 ……………… 128
    6.3.1 指数随机图模型的设定 …………………………… 128
    6.3.2 指数随机图模型的构建 …………………………… 130
    6.3.3 模型拟合结果与机制分析 ………………………… 132

6.4 本章小结 ·· 133

第七章 目的地旅游流影响因素与空间交互驱动机制 ············· 137
7.1 旅游流空间交互引力模型的参数估计 ····················· 137
7.2 目的地旅游流影响因素及模型构建 ······················· 140
    7.2.1 变量选取 ·· 140
    7.2.2 模型构建 ·· 141
7.3 旅游流影响因素的空间分异模式 ························· 145
7.4 旅游流多尺度空间交互的作用机制 ······················· 146
7.5 本章小结 ·· 153

第八章 案例研究的学术价值与展望 ··························· 154
8.1 案例研究的结论 ·· 154
8.2 案例研究的创新与不足 ··································· 156
8.3 后疫情时代的区域旅游韧性的研究展望 ···················· 157

参考文献 ·· 161

附 录 ·· 185
  附录 A ·· 185
  附录 B ·· 191

后 记 ·· 197

上　篇

大数据背景下的旅游流空间理论

第一章 移动互联时代的旅游研究

1.1 认识移动互联时代的全民旅游

1. 目的地管理优化亟待适应已移动互联的全民旅游时代

2019年我国旅游人数突破60亿人次（国内和入境旅游），人均出游率达4.3次，旅游消费规模6.6万亿元，旅游对国民经济和社会就业的综合贡献度超过10%。2016年中国政府工作报告中早已提出"要落实带薪休假制度，加强旅游交通、景区景点、自驾车营地等设施建设，规范旅游市场秩序，迎接正在兴起的大众旅游时代"，旅游成为人们生活的重要组成部分和常态化消费。出游方式上散客化趋势显著，游客自助游占比超过85%，自驾游比例超过60%，旅游空间行为出现全域化特征（原国家旅游局《全域旅游发展报告》，2017）。与此同时，手机等智能设备广泛普及，4G网络带来移动互联的旅游流游前、游中、游后的全程覆盖服务。旅游在线网络平台不仅替代了部分传统旅游线路预订等服务，还使得随走随定的移动互联瞬时随地支撑，满足了游客细分的个性需求，还在旅游景区（点）及线路选择上提供了丰富点评信息，逐渐成为旅游决策的重要参照手段。

旅游景区作为旅游业发展的主要载体，景区建设数量不断增长，服务与设施品质提升明显，在强化自然与人文资源保护利用、带动区域经济社会发展和目的地建设等方面取得了突出的成就。据文化和旅游部统计，截至2017年年底，全国范围内共建成A级旅游景区10 806家。其中5A级景区250家、4A级景区3 272家，4A级以上景区是我国精品旅游产品的标杆，已经成为旅游业发展和旅游线路组合中的核心要素之一。同时,高速交通网络改善了旅游景区间的可达性[1],使得游客在更大的空间尺度上筛选和组织,有限时间中的时空行为模式更加丰富。中心城市与旅游中心逐渐合一,与经济产业流的同城化和城市群化同步;城市内旅游交通逐渐多样化和便捷化,旅游流动的线路模式和空间过程不断被重构。这些新的特征对目的地管理与营销经营主体间的合作与竞争都提出了更高、更快的要求。

目的地智慧旅游公共服务平台广泛应用。各省市和部分重点景区都建设客情监测与分析、在线行为分析、舆情监测平台等。行业管理机构与通信运营商、OTA 等企业的丰富合作,促进了大数据与智慧旅游的高速和多样性发展,旅游大数据应用促进了智慧旅游交通、智慧旅游政务、智慧旅游统计,促成了未来景区及未来酒店等新业态的发展。既便利了旅游统计与管理,也对数据分析与挖掘、管理的动态优化提出了更高要求。而政府管理者对大数据在旅游营销方面的应用价值有待深入挖掘,营销方式还比较传统,数据的处理分析及呈现效果距离实际工作要求还有一定差距。

2. 旅游流研究成果丰富,有待深入细化旅游流过程表征和机制研究

现代化和全球化形成了空前的流动性(mobility)[2]。旅游流是旅游者借助旅游通道在客源地与目的地之间、目的地与目的地之间、目的地内部进行空间流动的集合,同时伴随资金流、信息流、文化流等[3]。旅游流是旅游系统形成、发展、存在的基础和动力,是旅游地理学的核心研究内容之一[4,5]。旅游流是国内外广泛关注的研究领域,研究成果十分丰富。学界对旅游流概念、核心问题和空间模式[6]进行了深入总结和探讨。研究者联立分析了游客流、信息流与交通流等多种类型流动,对其相互关系和时空响应机制有了更精细和深入的理解[1,7]。

多目的地间在空间组织上,由传统等级性的中心地模式向多中心、扁平化、流动性的网络型模式转变。而在指导旅游目的地的实践方面,现在仍处于这个阶段的目的地的建设传统框架中,而不能从注重自身吸引力向注重流动空间下的网络关联未来模式转变。新的背景和基础下,旅游与区域空

间的网络分析成为新视角和新方法,围绕目的地和目的地区域网络的理论与实践值得探索和关注。

3. 多源大数据助力空间交互研究再度活跃,传统研究范式面临新挑战

更加随机和感性的旅游流动,带来的繁杂旅游规则已不易被传统抽样调查所察觉,多源的大数据是分析大空间尺度和细时间粒度旅游流动的时空交互特征和作用的重要前提。基于大数据的研究不仅解决传统框架中的问题,多元化的数据特别是大数据还可能带来旅游研究的新范式[8]。旅游流空间交互作用的研究方法上,引力模型为代表的社会物理学方法逐渐在新的时空背景下(全球化和移动互联化影响下的流动空间对比传统的地理空间视角)解释乏力。以往无法得到相互关联时根据引力模型推断的结果,在现有的数据和技术条件下已能较好覆盖。比如不同客源地对不同景区、多城市相互之间的网络搜索量体现出的"网络关注度",已然是引力作用与联系强度的很好表征。大数据注重相关关联的特征能否取代传统的因果关系研究值得关注。

应用大数据等现代信息技术来调查分析游客旅游意愿、消费心理、需求特性与偏好,据已开发建设项目、提供产品和服务所取得的成果可以看出,大数据技术已经成为旅游行业实现科学发展的一个重要科学途径,已经成为旅游服务、管理、营销的刚性需求。旅游产业是一个社会化服务产业,围绕大众游客基于用户画像的市场细分、更加精确的需求预测、精准的目的地与旅游线路的市场营销,以及行业管理与产业链优化创新,都需要多种大数据的分析挖掘和调整优化。从实践上,利用大数据分析满足游客的个性化需求,提高旅游运营和管理效率,也是旅游经营和管理机构重视的问题。携程网等在线旅游服务商基于用户信息流的智能推荐和精准营销已经成熟应用[9]。

1.2 认识大数据时代的旅游研究与应用

大数据早已成为旅游和地理研究以及其他社会经济科学的热门话题。

产业方面,各种大数据报告层出不穷。大数据技术显然为旅游业研究和产业发展带来了机遇和收益。但是,在新鲜感和神秘感逐渐退却后,需要思考或至少以合理方式考虑的问题开始浮现:数据可视化等于大数据吗?大数据会完全取代游客流量的理论模型和旅游地理学的其他理论吗?大数据将如何改变我们对旅游空间的理解?大数据多大程度地影响旅游业的哪些方面?我们在新的阶段继续谈旅游大数据,还因为一项技术往往在过了新奇和摸索的阶段后才深刻地改变我们的生活。我们在逐渐习惯之后,往往会忽视大数据对旅游业和旅游学的巨大影响。

1. 认识旅游大数据发展的新特征

首先,我们处于一个原始大数据完整封存的新阶段。物联网与移动互联网等设备收集的丰富数据被有意地、系统地保留下来,数据从稀有资源变为异常丰富。"互联网是有记忆的",能展示大数据大跨度时间价值的一个例子,源自南京大学校园的"光棍节"(11月11日),现在发展为有全球影响力的大众商业消费活动,而这个"此消彼长"的演替过程被完整地记录在搜索指数之中。信息被全面记录的透明一代开始出现并愈加庞大,比自己还了解自己的智能大数据系统呼之欲出。

其次,旅游响应的即时反馈提供了新的可能。如新冠疫情这样的大幅波动和即时需求,其实是让旅游大数据的急迫性更强的,即时准确的大数据可以及时反映当前旅游客情疫后恢复进程。还能够及时地观测到领导带头出门消费、发放消费券、出台旅游刺激政策的带动作用。大数据的自动结构化处理并即时展现的技术逐渐完善,这无疑给政策管理、精准施策提供了有效支撑。景区空余停车位情况、摊位零售金额与团队大巴行驶速度等毛细血管级别的数据均已实时呈现,旅游业距离现代服务业更近了一步。当然,旅游业各要素纷繁复杂,在叠加了文旅融合之后,仍然有大量的工作是数据采集和信息化的过程,离真实发挥大数据的综合能力还需要一些积累和探索创新。

最后,赛博空间"云旅游"的新闭环正在形成。赛博空间的痕迹记录数据比游客轨迹数据受到更多关注,并且通常被描述为现实世界的隐喻。不仅网络中的世界逐渐出现在旅游业中,例如基于在线游戏和其他娱乐媒体创建的虚拟世界的主题公园;而且旅游需求来自短视频推荐,出行到网红点打卡,返程到朋友圈晒照以求社交价值,吸引我们的不再是目的地,而是关注,是信息流。现实只是素材与中介,不是目的。抽象来看,将所有旅游业视为网络世界的隐喻似乎更切实际,旅游的目的与意义都由网络(云计算和云存储)定义,已然首先完成了"现实虚拟"。

2. 探索未来研究的新范式与新领域

大数据在人类对世界的感知(和认知)以及我们如何组织知识本身方面都极大地改变了人类的知识。因此,大数据成为范式问题。大数据研究的新范式似乎正在兴起,旅游研究正在逐步转变,从现象—机制—现实到由现象—关系—实践监测组成的新模式。这种范式是否精细、稳定和明确尚待研究。然而,这种转变仍然需要满足范式的基本组成部分,即世界观(旅游系统)的假设以及相关的认识论(理论和方法论)。传统的研究假设中,描述是第一步,然后是因果关系机制,但是,在大数据视角下,世界由相关关系而非因果关系主导,这导致未来可以在旅游大数据研究中做任何事情而无需依赖底层的结构化原理或机制,这种现象超出了旅游和地理研究中强调的传统科学范式。无论大数据范式是局限于狭窄的技术背景,还是成为一种革命性的、普遍的旅游地理学方法,至少在不久的将来,它都会吸引旅游地理学家的兴趣。

数据驱动研究的趋势已然非常明显,但学者们却也不需要一味扎堆到爬虫 UGC 游记或依赖 Inside Airbnb 等免费共享数据库。在此,建议在旅游学中拓展大数据研究对象与方法:大数据支撑(Aided)的传统研究、针对大数据为目标(Aimed)的研究、大数据驱动(Arised)的现象研究、大数据的应用(Application)研究的 4A 研究体系。

(1) 从大数据现象出发探寻新的科学问题

发现大数据在旅游地理研究中的关键影响,避免大数据的滥用;聚焦与大数据相关的社会文化现象,包括大数据如何以及在多大程度上改变与旅游业相关的社会经济组织,以及传统的地理主题和理论如何随着大数据的推进而发生变化。大数据带来了新的旅游地理现象,例如手机地图导航系统正在改变人类的思维图谱和空间行为;越来越多具有大型显示屏的本地指挥中心可以提供对旅游景点的实时监控,无论是企业推广还是新闻媒体中都广泛存在大屏即大数据的"大屏现象",这种现象形成的文化和制度背景值得探索。还有,旅游大数据的产业价值和应用场景在政府管理机构和OTA企业之外一直是短板,而旅游作为低频非刚需消费行为的特性与在线普通消费在大数据应用上的区别一直缺乏讨论。

(2) 大数据旅游统计亟须规范新的测量模型和指标规则

与传统统计数据相比,扩大数据类型和数据收集渠道的范围是大数据的最大贡献,并保持持续的修正优化。大数据代表的行为数据当然是真实的,虽然可能是有偏差的,但研究方法和数据规则设定的不科学就变成失真,如果是故意,则甚至是"非真"。

而且,大数据可能面临统计悖论,因为传统统计的基础是通过小数据采样来找到"大"数据对象的特征。数据集的大容量并不一定意味着大数据的优势。理论上许多指标都可以通过大数据计算,实际上却是耗时耗力且缺少科学依据。管理者往往较少关注传统的数据收集方法和游客调查。在游客花费、支付方式及份额占比等方面(银联大数据无法覆盖主流移动支付方式),进行补充和验证调整,无疑是必要的,而不应"唯大数据论"。在这个过程中,研究机构、管理部门和企业应抛弃垄断大数据的思想,用涉密的"规矩"给小部门粉饰数据留空间,进行广泛的合作和沟通,保证大数据质量。

(3) 重视数据伦理与信息茧房的研究

分析用户需求,推送旅游偏好的内容,定制旅行计划,这些在大数据研究初期对未来的美好畅想与现实中的大数据"杀熟",成为硬币的两面。国家文化和旅游部在《在线旅游经营服务管理暂行规定》中指出"在线旅游经营者不得滥用大数据分析等技术手段,基于旅游者消费记录、旅游偏好等设置不公平的交易条件"。来自斯坦福大学团队与社交媒体脸书旗下的数据挖掘公司合作的研究表明:人脸识别可用于判断政治立场,准确率达72%。基于外貌、坐立、体格和穿搭影像数据深度学习识别的综合旅游偏好模型也可以逐步研发出来。

在所有类型的地理空间大数据中都记录了个人尺度的信息,指纹、人脸识别等生物信息也被大量使用,在数据隐私的类型和使用范围等方面进行广泛的调研十分必要。我们的研究也不应局限于眼前,而应设想到行业之前,对数据伦理与算法伦理的个人、社会和行业影响进行研讨。

我们知道,旅游者受到陌生的非惯常环境中各种因素的影响,总是限定在特定的范围之内,这种现象被称为旅游罩(tourist bubble)。从具体旅游者角度,可能在信息茧房中、在网红打卡时的满意度更高,对于这种大数据织造的新的信息罩,"将会怎样"效率趋势和"应该怎样"社会公平往往很难兼顾,其间引发的冲突就需要学者的敏锐洞察与研判。

第二章 相关领域研究进展

2.1 相关概念的再认识

2.1.1 旅游流的概念

旅游流研究是从时空结构的角度对旅游行为主体进行考察,是指在旅游客源地(origin)和旅游目的地(destination)之间的相互作用,地理学上也称之为O-D研究。国内语境下,旅游流的概念有广义和狭义之分。早在1998年,唐顺铁和郭来喜就给出了旅游流的广义概念,认为旅游流是指O-D之间的双向的旅游信息流、旅游客流、旅游物质流和旅游能量流[10];后来马耀峰做了进一步补充,他指出旅游流是主客之间单双向的游客流、信息流、资金流以及文化流等的组合或集合[11]。狭义旅游流即旅游客流,是指游客在O-D间及目的地内部的流动,以往受限于数据获取条件,仅是目的地接待的客流量。由上述可知,在广义旅游流和狭义旅游流的定义中,旅游流的基础都是旅游客流,旅游者发生空间位移的同时,自身携带的各种能量信息流也随之变动,旅游客流的特征与机制也就成为旅游流研究的核心问题。了解游客流动模式对于旅游管理者提供更好的目的地管理决策至关重要[12]。本书所研究的旅游流即指研究区江苏省内各个景区接待的旅游客流量和各景区间的多目的地游线客流。

作为旅游流基础性的研究主题,旅游客流的流动模式可以分为目的地内部和目的地间两类[13-15]。根据目的地的不同地理尺度,目的地内移动指的是游客在城市或其他尺度目的地区域内的景点之间转移或在景点内的移

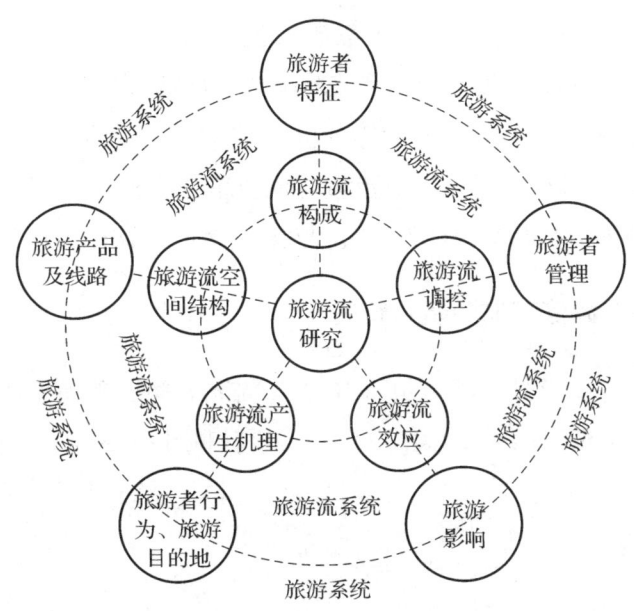

图 2-1 旅游流及相关研究主题的关系
资源来源：见参考文献[16]。

动[17]。旅游吸引物间游线的类型模式研究在目的地规划中被注意到，首先被总结的旅行模式为单目的地和往返式[18]。这些研究便于我们认识一个目的地在区域中的地位或角色。微观尺度上，有研究归纳游客在目的地内部的行为，并划分为点线、环形与复合型等 3 种模式[19]。国内在自然山岳[20]、历史街区[21]和风景园林[22]中的路径模式研究较多[23]。近年来，随着跟踪技术的飞速发展，目的地内部的移动越来越受到人们的关注。Orellana 等通过分析景区游客的循环运动模式和序列运动模式，并分辨游客偏好[24]。Zheng 等建立了移动预测模型，可以为游客个性化推荐、吸引管理和实时人群控制提供支持[25]。

国内使用结合旅游收入和旅游客流的流质指数来衡量旅游流质量，李振亭等分析了近 20 年间中国入境旅游流的流量与流质变化特征[26]；李振亭和张晓芬通过计算各省区入境旅游流流量与市场份额，并结合旅游流流质指数分析各省区的旅游流质量，采用二维组合矩阵分析中国入境旅游流流量与流质的空间错位[27]；黎霞和雷丽采用标准差、变异系数等方法对西部各省(区/市)2000—2012年入境旅游流流量与流质进行时空差异分析[28];王公为和乌铁红基于流量和流质指数,对内蒙古12盟市入境旅游流的时空分布进行研究[29];黄明元等分析15年间湖南入境客流规模与流质变化[30];郭向阳等构建了旅游流流量与流质耦合度演化模型,对云南省及其16个州市的流量与流质的发展过程及耦合度时空演化进行分析[31]。

2.1.2　旅游流研究的基本特征

截至2018年7月,选择中国知网中以"旅游流"或"旅游空间行为"为主题词的所有期刊论文共518篇(图2-2),然后利用Citespace软件提取其关键词共现网络(图2-3)。

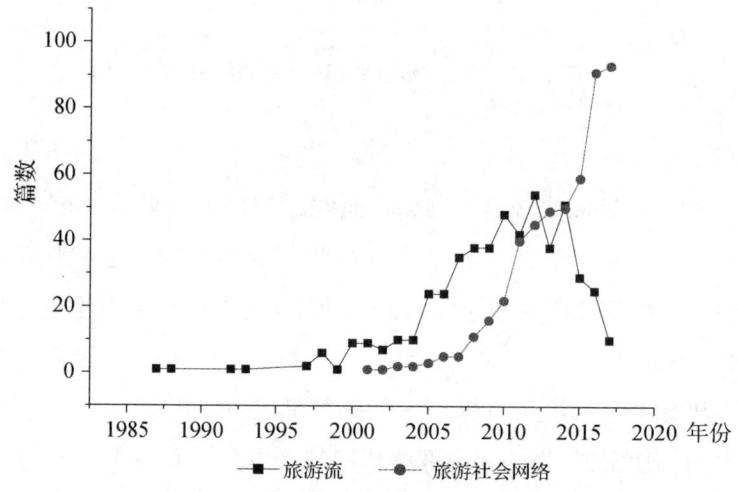

图2-2　国内(中文)旅游流相关文献逐年发表数量(1987—2018)

由图2-2可以看出,国内旅游流相关研究起步较晚、前期发展速度较缓慢,但基本上保持着持续的学科发展,尤其是2005年之后呈现快速增长趋势。其中近3年来,旅游流相关研究的数量逐年减少,与之对应的是旅游流社会网络研究数量仍在逐年增长,且在2016—2018年间出现了量的飞跃。从文献发表数量可以看出,随着研究的逐步深入,近期发表的文献已经可以在前人的基础上进行完善和实证探究,旅游流相关研究正在逐步走向成熟。

通过 CiteSpace 的主题聚类分析(图 2-3),可以看出旅游流研究的几大研究热点,包括旅游流空间结构、旅游流网络、旅游流时空行为等。同时,相当一部分研究采取了社会网络分析法进行研究,研究尺度以宏观尺度(区域、省域)、中观尺度(市)为主,较少涉及景区内部的微观尺度研究。

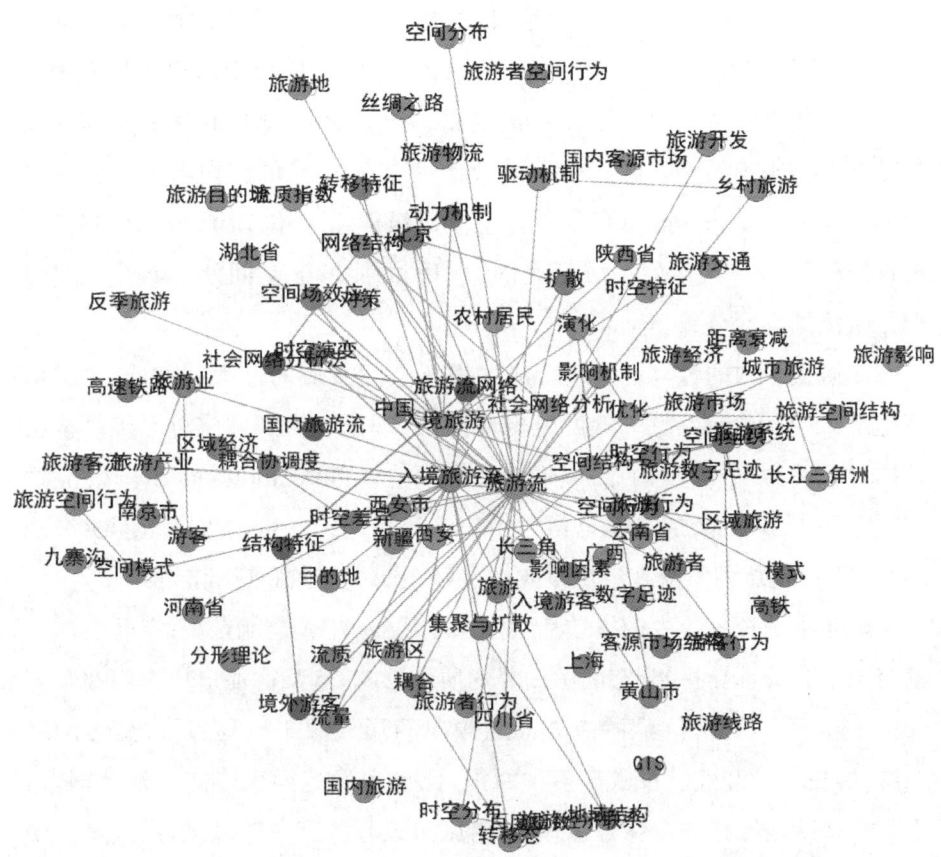

图 2-3　国内(中文)旅游流相关研究关键词共现网络

2.2 旅游流模式与区域交互研究

2.2.1 旅游流空间模式与目的地区域

旅游流空间模式主要有圈层结构理论、核心边缘理论和空间扩散理论三种基本理论[6,32]。旅游流圈层结构和核心边缘理论基于地理学的距离衰减性规律，基于静态和单一客源地/目的地间的交互，而目的地间是相互作用的，而且旅游流随季节等因素而动态变化。因此，需要引入空间扩散理论将交互看作空间过程[33]。旅游扩散主要有传染扩散、等级扩散和重新区位扩散等三种基本类型。旅游空间扩散模型有 Pearce 的国内与国际旅游供给需求模型[34]、Lundgren 的旅游流空间等级模型[35]和 Britton 的旅游流集聚扩散模型[36]。与空间扩散模式密切相关的旅游流空间效应研究主要强调旅游流的空间分异。

旅游流扩散的过程也是旅游流场发挥空间效应的过程，并对旅游扩散产生反作用[37,38]，薛莹的"旅游流区域内聚"理论认为区域旅游系统是自组织的过程[39]。中国国内旅游流表现为 $K=3$ 等级序列的空间场效应模式[38]。除了狭义的游客流，旅游营销信息流在网络平台的人际空间扩散规律[40]，遗产地旅游意象在省域范围内也存在圈层扩散和迁跃扩散[41]。

现实中地理系统中的扩散都发生在非均质域上，也就是说，空间扩散不仅与距离有关，同时受到空间中的非均质性影响，这又往往形成方向性倾向（directional bias）[42]。旅游流方向性倾向的形成源于地理边界、交通网络系统、历史文化和经济关联等多种原因，比如由发达国家流向不发达国家，由高纬寒冷地区指向低纬舒适地区，由旅游核心区流向边缘区，由人口集中的地区（客源地）指向旅游资源富集区等[43,44]。

目的地区域（Tourist Destination District），从旅游者方面看，是其为了度过闲暇时间所选择进行旅游活动的区域[45]；从旅游系统看，是旅游要素的空间聚合，如图 2-4。既可以根据西南、西北地理分布或行政边界划分，也包括源于长三角[46]、珠三角等经济区域的旅游区域，还包括以围绕单一城市或著名目的地的区域旅游系统[46,47]。旅游目的地区域包括旅游区、旅游节点和旅游路径等核心空间要素[48]，交通条件对目的地区域的影响巨大。比如，穆成林和陆林发现高铁的开通使得黄山区域的旅游空间由单核凝聚结构演化为双核扩展结构[7]。

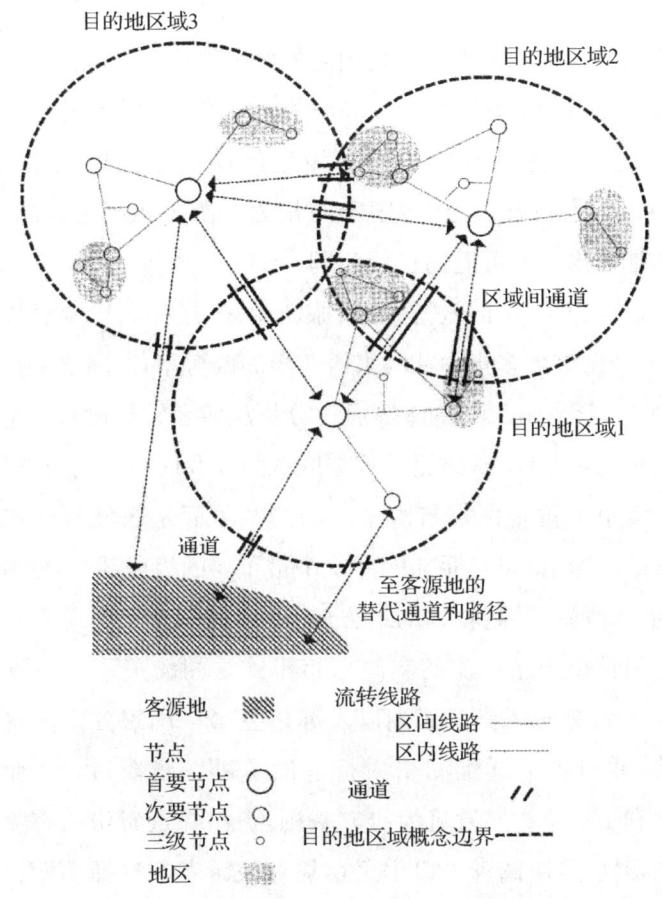

图 2-4　目的地区域空间结构链系模型
资料来源：见参考文献[48,49]。

目的地区域内对于旅游节点、景区空间格局研究等方面，早期集中于空间布局研究，侧重于目的地演化模式、景点空间分布特征、目的地—客源地空间关系等三个方面。对于景点空间分布特征，学者们往往采用最邻近点指数、地理集中度指数、分形指数等数理统计方法[50-52]和 Voronoi 图、密度分析、空间自相关等空间分析方法[53]，对多个空间尺度如 A 级景点、世界遗产等不同类型旅游景点进行了深入的研究，重点探究了景点格局的区域差异、自然地理特征和景点空间的时空演变规律[54]等。

2.2.2　旅游流空间分布研究

旅游流空间结构的研究一直是国内外旅游地理学、经济地理学、城市地理学等学科研究的核心内容之一。20 世纪 60 年代，外国科学工作者从区位理论的角度对休憩活动区与旅游流空间结构之间的关系进行探讨，Christer 对欧洲周边地区欠发达国家的相关旅游休憩区进行思考，提出旅游者向周边地区出行时可能的扩展范围[55]；Opperaiann 对马来西亚国内旅游流进行了研究探讨，按照旅游目的、旅游组织、居住国以及过夜区域划分旅游模式，发现游客大多集中在马来西亚半岛西海岸，区域之间旅游流分布严重不平衡[56]；Jansen-Verbeke 等通过分析旅游者在旅游目的地和旅游客源地之间的关系，揭示了欧洲旅游流在区域间以及区域内的分布特征，指出欧洲的旅游竞争不再是国家与国家之间的竞争而是区域与区域之间的竞争[57]；Zillinger 提出流动性是旅游系统中最重要的组成部分，旅游者一般会花费较长的时间前往距离较远的地方旅行，研究探讨了旅游者在旅游目的地的停留时间长短与旅游流的空间分布模式之间的关系[58]；Connell 通过 749 份问卷调查，分析了洛蒙德湖以及苏格兰第一国家公园的汽车旅游流的空间结构，并对更为详细的个人行程做了进一步探讨[59]。Marrocu 和 Paci 以意大利 107 个省旅游流为研究基础，得出邻近省份旅游流相互之间产生空间依赖性，且距离和人口密度增加对旅游者在选择旅游目的地时产生负面影响，收入、可达性和旅游吸引力对其产生正面影响[60]。在这方面，同样，Chua 等从空间（如流动方向、回环和中心）、时间（如游客随时间的变化）和人口（如起源分布）模式来描述意大利南部的旅游流，以促进交通基础设施的改善[61]。

国内学者张凌云修正正态分布模型，以偏态分布函数来模拟旅游流空间分布，对旅游流的空间分布模型进行了提炼与推广[62]；宣国富等以三亚市为例建立旅游目的地旅游客流空间潜力模型,得出居民的人均可支配收入和航空票价的高低对居民出游产生较大影响[63]。旅游流的等级与分区方面,章锦河等分析了1999—2003年我国旅游客流集聚程度由东部地区向西部地区逐步下降的趋势[38];马耀峰和李永军根据中国旅游统计年鉴资料和项目组抽样调查资料,对全国旅游流区域进行了划分[64]。杨国良等以1996—2004年四川省国内旅游统计数据借用Zipf指标和差异度指标研究了旅游流的规模等级结构特征[51]。

针对单一目的地的研究方面,牛亚菲等以北京市重要景区为研究对象,分析探讨其旅游流空间变化特征,以及旅游流空间分布和旅游产品供需上的不平衡性[65];熊鹰和董成森以武陵源风景区为研究案例地,分析武陵源风景区旅游客流在景区内的空间分布状态,得出旅游客流在游览路线选择上具有较高的趋同性,导致旅游客流在空间上的集聚程度较高,以至于旅游目的地的旅游生态承载力利用不均衡[66];吴晨研究南京内部旅游线路的网络特征,得出南京核心景区之间联系非常密切,而边缘景区的联系比较低[67]。

入境旅游的相关研究丰富,张佑印等在界定我国六大典型入境旅游区的基础上研究了入境旅游流由旅游区向西扩散的空间特征,并研究了其中的作用机制,即推力、拉力和介质力三种动力要素推动了入境旅游流的西向扩散[68],发现北京集聚旅游流流势存在明显的经济导向和区位导向[69]。纪小美等采用探索性时空分析框架,分析研究1987—2013年入境的港澳台和外国游客客流,得出港澳台游客旅游市场空间结构呈现全域极化现象、外国游客市场时空模式呈现多元化现象的结论;港澳台游客空间结构稳定性由西南向中北递减,外国游客市场空间结构的稳定性由沿海向内陆递减[70]。张红在北京、上海、西安等旅游热点城市,对境外游客进行抽样调查并经过统计资料的分析,总结出境外游客入境旅游流的空间分布规律特征,为旅游热点城市的旅游业发展提供参考[71]。

旅游流在地理空间进行转移和扩散中,城市主要发挥着两大职能:旅游终端(即旅游目的地)和中转站。Hwang等采用网络分析方法,研究美国多城市(Multicity)旅行模式发现,对亚洲国际游客而言,奥尔良、纽约、洛杉矶是重要旅游目的地,而休斯敦、西雅图则担任了中转站的职能[72]。

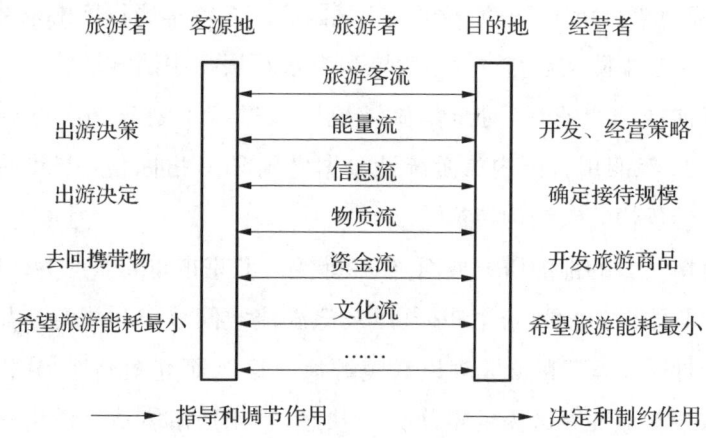

图 2-5 旅游流 O-D 作用机制

国内现有旅游流研究中较少从动态机制上出发研究旅游流的时空扩散,特别是多目的地旅行行为。违反了"旅游本质不同于其它休闲方式在于流动"的本质特征,以及旅游线路产品其实多数为多目的地旅行的市场实际情况。需从"旅游流产生、分配、集聚与扩散"的描述转变为对其内在机制的描述,加强对不同地理尺度上的等级扩散行为、宏观尺度上长线多目的地行为等方面的研究[44]。国际游客对长途旅行的风险认知、对旅行移动变化的需求、旅行目的的多种利益寻求和信息源差异可能影响游客的多目的地旅行[73]。

2.2.3 旅游流时间分布研究

旅游流的时间分布特征研究,主要包括旅游流的发生时间和停留时间两个方面。首先,是关于旅游流的发生时间研究。20 世纪 70 年代,国外学者在研究旅游对社会经济发展、自然环境的影响中,开始深入探索旅游流时间分布特征,分析研究国际旅游流的中长期波动情况以及影响波动的外部环境因素[74]。后期对旅游流时间分布特征的研究,着重于旅游流长期变化及预测,Song 等以香港游客量为例,运用结构时间序列模型(STSM)和时变参数(TVP)回归方法,预测不同季度游客到访香港游客量之间的差别[75];Lim 和 McAleer 以澳大利亚客流量为例分析了在不同的季节和不同月份中澳大利亚游客的客流量具体时间分布特征[76]。

国内学者对旅游流发生时间的研究主要从长期变化、年内季节性变化、月内变化和日内变化,或者从闲暇时间以及不同节假日期间的旅游流时间分布特征进行分析研究。陆林以安徽黄山为例,对黄山客流量季节性分布、客流高峰日以及客流集中时段进行客流时间特征分析,指出客流季节性分布差异明显,有明显的客流高峰日[77];张捷等根据时间长短,将旅游目的地旅游流的时间变化划分为四大类型,即长期以年为单位、年内以季节为单位、月内以每周为单位和日内以小时为单位[5];卢松等以安徽省西递、宏村为例进行分析研究,指出古村落在不同季节内旅游客流差距很大,淡旺季明显,普通月中每周旅游客流分布不均,黄金周期间呈现"井喷爆发"态势,每日客流变化多数呈双峰型分布,即每日有两个时间段达到当日客流高峰[78]。黄潇婷将时间地理学引入目的地内部的游客时空行为研究,认为游客时空行为是游客在出发地至目的地、旅游目的地内部、返回出发地旅游过程中的空间移动行为和时间分配行为,应用于景区内部旅游者时空行为模式的分析,认为时间、空间、路径和活动信息是景区内部旅游者进行聚类分析的影响要素[22,79]。

中国特殊的节假日的相关研究较多,郭晓东等基于国家颁布的休假调整政策,对国内旅游客流进行时间分布特征研究,指出随着端午、清明、中秋假日的增加,旅游者可以自由选择出游时间,政策的调整也打破了旅游流集中分布于黄金周的时间格局[80];刘泽华等以云南的 4 座旅游城市的代表性旅游景区为研究案例地,研究探讨十一黄金周期间旅游客流时间分布特征,发现不同景区黄金周客流时间分布多为单峰型,但各个景区的客流高峰值略有差异[81]。

旅游目的地的经济影响在很大程度上依赖于游客停留的时长[82],游客停留目的地的时间长短也是影响游客在目的地区域扩散模式的重要因素之一,进一步影响着地区间经济利益和生产资料的分配[83]。史春云则更是将游客在目的地实际住宿天数作为重要变量衡量了长三角目的地旅游经济收益方面的差异[84]。

2.2.4 旅游空间交互的影响因素

细分旅游者类型并比较其中的差异,能够更好地分析旅游运动模式[85]。一般来说,游客可以通过社会人口统计、心理和行为特征的标准来划分[86]。Cooper发现,收入水平较低的游客更倾向于少游多停留,不同年龄段的游客更喜欢不同的景点[87]。Gitelson和Kerstetter发现年轻游客更喜欢休闲旅游,而女性和中等收入游客更喜欢探险旅游[88]。

此外,实际游客流动也是一种游客分类的方式。利用层次聚类,Espelt和Benito根据访问的节点、停留时间等对游客进行划分为四类,分别是非旅游者、兴趣旅游者、博学旅游者和仪式旅游者(Non-tourist,Interested tourists,Erudite tourists,Ritual tourists)[89];Cantis等基于单项分析(Monothetic Analysis),根据GPS记录的游客的旅游行为(如行程距离、速度、停留时长和游览景点等)进行分类[90]。

游客方面的身体心理和收入等因素与旅游目的地方面的旅游特性和社会经济因素,会明显影响游客选择旅行线路。Prideaux通过对世界范围内旅游者的流动模式分析,提出旅游流相关影响因素[91],Lew和Mckercher认为地理位置是影响游客对线路模式的选择的重要因素之一[18];Connell和Page发现客源距离及目的地的可达性会影响出游行为[59];尹立杰结合Lancaster特性效用理论研究了关于多目的地旅游影响机制,得出目的地之间的距离、旅游目的地特性因素、旅游方式、受教育水平、职业都是多目的地旅游空间模式的重要影响因素[92];刘法建等认为自然资源、距离、经济发展水平和对外联系度是影响入境游客省级流动的主要动因[93]。

游客的行为也会受到心理因素的影响(比如游客的出游目的和他们的主观认识等)。Poria等发现,地方感强烈,即那些认为地方是个人遗产的一部分的游客比其他人更有可能经常去并且停留更长时间[94]。Rid等发现,动机不同的游客(如遗产与自然、真实的乡村体验、学习、阳光与海滩)将会寻找不同的旅游体验[95]。同时,不同规模的团队游客的出行距离和出游天数有所区别[96]。

游客空间行为则是由旅游者个体出发,总结提炼出旅游群体的空间运动规律,一般采用问卷调查的研究方法,基于人口学统计特征(如年龄、性别、职业、学历、收入、来源地等)和行为特征(如出游前的感知、动机偏好等)做分析因子。旅游可以看作不同游客对不同属性(吸引物、设施和旅行距离等)的旅游目的地的选择[97],以及两者之间的交互属性,如文化距离[98]。基于Lancaster消费特性理论和旅游映像理论的体验最大效用模型[99],为多目的地情境下的旅行选择模式研究提供了理论框架支撑[100]。

2.3 旅游线路模式与网络研究

2.3.1 旅游线路模式研究

游客流动包括游客离开客源地前往特定目的地并在各目的地内活动的行为。人们常用流动模式来描述旅游活动,包括旅游者的构成信息、旅游者的时空规律[61]。这可以揭示旅游者如何组织旅行行程,更好地了解游客偏好,对缓解旅游拥挤[19]、了解目标市场[101,102]和提升旅游管理能力[103]都有不同程度的贡献。

在游客旅游流模式中,以旅游线路模式为主的研究较早、较成熟。Oppermann将游客旅游线路空间模式按照单目的地和五种多目的地旅行模式两类分成7种模式[104]。Uysal等研究了1995—2004年亚太地区的旅游流(如旅游人次和旅游倾向)的空间格局[105]。Ahas等探索了爱沙尼亚的旅游空间格局和时间格局(如时间季节变化和游线所花费的时间),以促进区域规划发展[106]。在国内研究中,楚义芳在针对较大尺度的旅游线路设计问题时,指出了旅游线路分为周游型和逗留型两类空间模式[107];吴必虎[108]、陆林[109]、宣国富等[63]、卢天玲[110]等则是在中国旅游发展的实际情况下,重点研究了旅游者行为规律与线路模式;陈秀琼和黄福才[111]、杨兴柱等[112]、刘法建等[113]、吴晋峰和潘旭莉[114]探讨了社会网络分析在旅游线路研究中的运用;史春云等从文献综述的角度出发,根据不同尺度旅游线路模式,对其理论基础、空间模型、目的地类型、游客旅行行为特征、模式选择影响因素等方面进行了总结[115],并以旅行社网站公布的中远程旅游线路报价单为数据来源,比较分析我国旅行线路空间模式、格局和特征[116];朱明等则建立了针对旅游线路空间模式的约束条件,从中总结出国内 7 种主要的线路模式[117]。

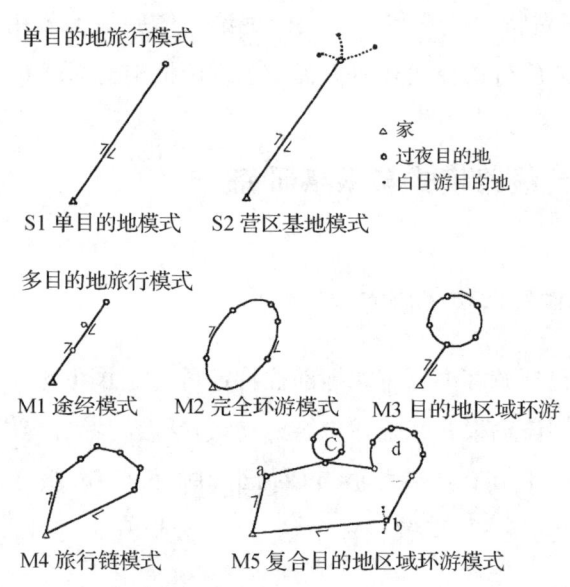

图 2‑6　旅游线路的空间模式
资料来源:见参考文献[115],转引自 Oppermann[104]。

由于游客旅游线路和目的地选择的差异化,旅游线路的数据较难获取[118]。旅行社线路是宏观旅游线路研究的重要途径之一[110]。李山等在旅行社的公开旅游线路报价单的基础资料上,研究得出国内观光旅游线路设计中的游时会随客源地与目的地之间的距离呈对数式增长[119];朱竑等基于境外旅游经营商的中国旅游线路,重新审查了中国国际级旅游目的地[120];叶红基于国内两大著名旅行社的线路和数据,研究了区域旅游线路节点选择对旅游目的地的影响[121]。

旅游线路模式可以看作游客在一个旅游主导的区域内,安排吃住行游购娱等要素空间上的理性与非理性选择的一种流动性组合。线路节点的选择不仅制约了外来旅游者在区内的消费规模和消费水平,还直接关系到目的地区域的资源开发、线路衍生产业的创新、旅游产业集聚的发展、目的地营销以及目的地区域生产力水平。目的地与过境地具有不同涵义和地位,通过统计和分析旅游线路,可以重新审视旅游目的地的定位[120]。旅游流动的枢纽中心和门户型的目的地是在各类节点中获得的优势较多的[116],相对于游客活动分布的空间差异,旅游线路模式导致的旅游经济影响的空间差异则要大得多[83]。

2.3.2 旅游线路的网络研究

深入认识网络有助于人们了解所处的世界。从欧拉提出图论到现在,网络研究从数学领域的图论发展到社会科学领域的社会网络分析,再到系统科学领域的复杂网络理论。复杂网络既是数据的表现形式,也是一种研究数据的手段。复杂网络具有两个主要特性,即小世界特性[122]和无标度特性[123]。社会网络和复杂网络分析方法在许多领域被广泛应用,并发挥了重要作用。从社会网络的角度出发,人在社会环境中的相互作用可以表达为基于关系的一种模式或规则,而基于这种关系的有规律的模式反映了社会结构,这种结构的量化分析是社会网络分析的出发点[124]。

目的地空间行为的分析可以有地域逻辑、竞争逻辑和网络逻辑[125]。一个复杂的系统由许多相互关联的元素组成[126],通过分解系统的组成部分是无法理解整个系统的[127]。网络分析方法自面世以来,得到许多科学领域如系统科学、物理学、信息科学、生物科学以及社会科学的积极响应。目的地通常也被称作复杂系统[128,129],近年来,学者们也逐渐引用了社会网络分析(social network analysis,SNA)的核心思想作为旅游流分析的重要手段,以各种"关系"作为研究出发点,探讨由各种关系所构成的旅游流网络的形成、演化与旅游过程及旅游目的地发展之间的内在联系。

社会网络不是分析个体的行为和态度,而是关注这些相互作用是如何构成一个框架或结构的,这些框架或结构本身就值得被分析和研究[130]。Bhat 和 Milne 解释说 SNA 的重点"不是针对一个人或一个组织,也不是二元关系,而是关系的整体模式,它构成了所有组织运作的环境"[131]。社会网络研究者揭示了旅游目的地的一些有趣特征,这种复杂性综合体现在一些旅游网络的特征上,如① 非线性关系[132];② 自组织行为[133,134];③ 模块化结构的出现[135];④ 某些事件的鲁棒性或脆弱性[136]。这些特征在先前的许多旅游研究中都有描述,例如 McKercher 解释说"旅游功能以一种非线性、非确定性和动态的方式,其中旅游系统的功能类似于生活的生态社区"[137]。

旅游流具有跨区域流动的特性,即由旅游流引发的,旅游场源点之间连接与耦合而形成网络。旅游流空间网络的"点"是各旅游场源点,"线"是各旅游场源点之间的旅游流联系,这种联系是旅游流源点之间的空间相互作用,其强度可以通过旅游流相关系数来表示[38]。

正如一些研究指出的那样,旅游网络代表了近 20 年来流行的研究领域[138]。人们对 SNA 的日益关注与网络所描述的一些优势有关。在目的地层面,旅游社会网络能够代表"整体旅游产品",提供一个完整的目的地视图,考虑到目的地之间的关系,协调政策和相关行动,能更好地支持当地发展[139-141]。围绕各方行动者,旅游社会网络有助于管理利益相关者和协作,特别是在可持续旅游领域,有助于建立社区能力、协调政策和相关行动,发展集体愿景,关注长期关系、创建社会资本、支持冲突管理和资源共享[131,142,143]。

根据方法工具方面分析,可以根据定性或定量方法区分旅游社会网络的论文。针对国际文献的综述统计发现,超过一半的报告文章使用定性证据(57%),而定量方法较不发达(36%);还有小部分是概念框架性的(2%)或文献综述性的(5%)[127]。

选择中国知网中以"旅游"+"社会网络"为主题词的所有期刊论文共 495 篇,提取其关键词共现网络(图 2-7)。目前社会网络分析法成为国内研究旅游流空间结构、空间关联、空间网络等研究热点的主流方法。

国内使用社会网络分析的旅游研究非常丰富。对省域或城市旅游流网络[144]、都市圈旅游经济网络结构[145]、跨界旅游区网络结构和跨界景区内游线网络[146]进行探讨。除了区域层面,还对入境旅游[147]、农民旅游、自助游与线路游[148]的网络进行了细分研究与对比。李创新等构建了入境游客转

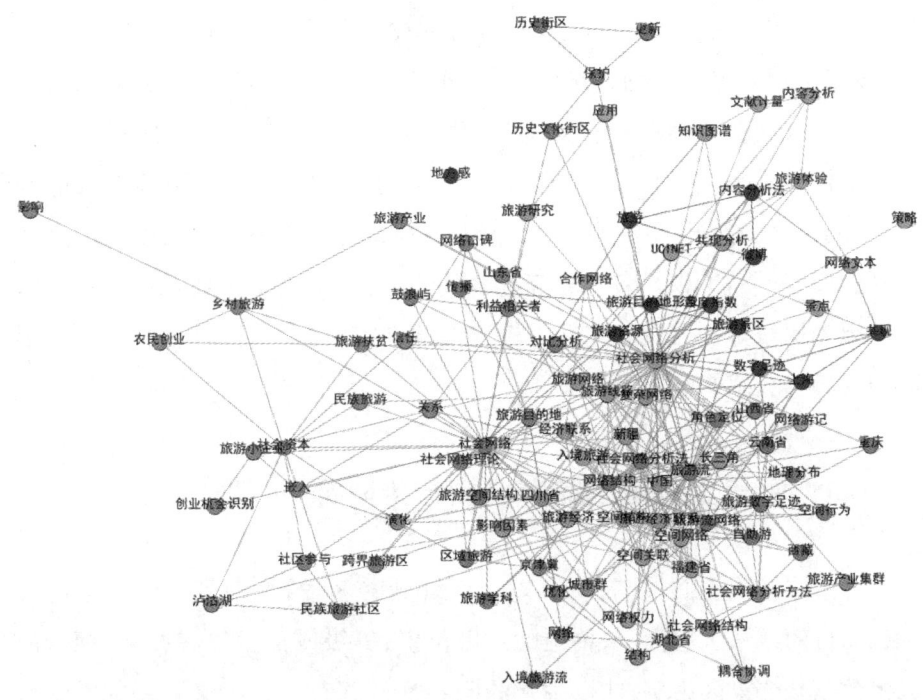

图 2-7 国内(中文)旅游社会网络研究关键词共现网络

移数量模型、入境旅游流空间集中指数模型、入境旅游流转移态矩阵,基于1994—2008年入境旅游统计数据和入境游客抽样调查数据,定量测评陕西、四川、云南三省入境旅游流集聚指数与扩散指数、入境旅游流集聚态指数与扩散态指数[149]。虞虎等以中国农民省际旅游数据构建旅游流网络,分析网络结构特征及其趋势[150]。

网络分为拓扑网络、权重网络、有向网络三种类型,但由于网络规模本身庞大,在复杂网络研究领域,鲜有研究有向网络相关特征的文献。目前研究的网络类型以拓扑网络为主,然而实际上,我们更需要考虑到网络连接的概率或可能性问题,以及连接线(边)上的权重大小,加权网络的研究需要对拓扑网络的定量研究方法进行大量的改进,如权重的计算、节点强度及强度与度的关系、聚类系数等。现有的国内外大量研究仍主要以二值网络进行数据处理和计算,丢失了大量的信息[151]。

同时,国内外对于复杂网络的研究中,少有考虑到网络的地理空间特性

(如距离衰减),近年来空间网络的研究得到了部分学者的重视[152,153]。Barthélemy认为网络增长应该考虑选择已有节点同新增节点的距离特征,而不仅仅表现在无标度网络模型的择优(偏好)特征上[152]。此外,一些学者对航空网[154]、铁路网[155]、城市公共交通网络[156]及"小世界"的城市网络[157]的研究为空间网络研究做了很大的补充与完善。地理网络不同于常见社会网络[158],不仅具备一般节点偏向于连接辐射中心的特征(如首位度、辐射源和枢纽等),更具有空间邻近连接的空间短路径特征(较短的空间距离、时间距离、感知距离等)[159]。

2.4 基于大数据的旅游空间行为研究

城市或区域层面,现有研究以城市统计游客量,特别是入境游客量为主。而目的地景区层面,从单纯的景区位置、等级或类型等属性到旅游流,大多数以某个景区为例,或以少量的问卷抽样调查。旅游流研究主要受制于缺乏统一口径和规则的大规模、细颗粒度和精确的客流数据。而伴随信息革命的日益深化,"互联网+"的理念与技术开始走入生活,智能移动设备得到了全球范围内的普及使用[160]。数据正以前所未有的速度与规模在现代社会爆炸式增长,"大数据时代"已然来临。基于云计算对大数据的处理与应用模式,具有4V特点:Volume(大量)、Velocity(高速)、Variety(多样)、Value(价值)[107]。在大数据时代背景下,大数据给我们的生产生活提供了海量的信息,人们的生活方式发生了潜移默化的改变,产业进行着日新月异的变革,科学研究领域亦迎来了全新的突破与进展。仅仅就旅游流的相关研究而言,大数据在一定程度上解决了旅游流研究领域数据获取困难的问题,为旅游流的研究提供了新的数据来源与研究视角(表2-1),促成了新时代背景下该领域的发展与新生。既有的传统旅游流研究成果已然是著述颇丰,然而当前对大数据背景下旅游流研究领域成果进行系统梳理的研究还相对较少[8]。

表 2-1 大数据相关旅游地理研究

研究类型	大数据的角色	大数据的结果	大数据的分类
大数据辅助研究	传统旅游数据的概念模型分析:大数据具有大量、高速、多样、价值等方面特征	传统旅游研究的拓展,数据量更大,种类更多	数据采集与挖掘、过滤、存储、数据云、分析、搜索、共享、传输、可视化、查询、更新、社交情感、系统鲁棒性、信息安全、隐私与数据源、企业运营大数据平台
大数据导向研究	大数据本身作为对象,为了研究和使用大数据的特殊方法,基于更复杂的数据系统或人工智能	新方法、数据挖掘与捕获、数据过滤、范式转换、系统鲁棒性	
大数据现象研究	大数据引发/推动了新的旅游现象,如新的消费行为和新的旅游决策模式等	了解和预测大数据带来的新现象等	
大数据应用研究	新型旅游经营模式,创造经济价值的新型旅游空间模式的组织	旅游新服务、新运营策略,长尾市场,B2C 交易平台等	

资料来源:见参考文献[8]。

2.4.1 旅游大数据来源

1. 手机信令与漫游数据

长期以来,传统的 GPS 调查法在样本规模等方面受到成本的制约[161]。目前大数据时代,在国内已经出现了将手机信令数据作为数据支撑来源的研究,它基于特定的基站,对目标用户位置、状态信息连续不断地追踪,从而完整而全面地记录目标用户数据。相较传统数据而言,手机信令数据更有近似全样本性、全时性,以及借助定位基站而附带的空间信息等明显价值,这对于观察游客的空间行为特征、归纳旅游流空间分布规律提供了新的视角。其中,申卓和王德利用手机信令数据,分析和归纳了观赛球迷的分布特征、活动特征[162];方家等基于上海市手机信令数据,对樱花节引发大客流的时空分布规律以及游客行为的改变进行了分析,并尝试对大客流进行预警[163]。近些年来,越来越多由政府或企业精心打造的智慧旅游大数据平台开始出现,这也为旅游流相关研究提供了数据支撑。譬如,吴晨[67]、戴文等[164]、王茜雅等[165]的研究均基于南京市智慧旅游大数据监测平台的数据。

2. 网络搜索数据

针对和基于互联网的旅游研究从网站类型和网站访问者的时空分布开始[166,167]。在互联网技术高度发达的今天,旅游相关数据和研究更加丰富,特别是对各种搜索指数的利用。人们倾向于在一些搜索引擎上浏览旅游目的地及旅游线路等相关信息来辅助决策,由此在搜索引擎上会留下海量浏览记录或痕迹,客观反映了人们的兴趣与需求,这为做好网络关注度的时空分布特征与旅游地规模预测等研究打下了基础。

谷歌搜索网页量较早作为关注度的影响因素指标[93],网络链接数据的价值也被研究者们逐渐认知,景区网络链接和游客在数量上存在显著的正相关[93]。这种关联表明景区链接数对景区吸引力具有指示作用,也可以作为测度旅游吸引力的新数据源。后期公开"谷歌趋势"与"百度指数"等数据后,研究转移为以搜索指数为主[168]。百度指数是以搜索行为数据为基础的数据分析服务平台,可直接反映出特定关键词在过去一段时间的"用户关注度""媒体关注度"与每天的变化趋势,以此来发现、共享、挖掘互联网上最有价值的信息和资讯,是国内研究者重要参考数据来源之一[169,170]。谷歌搜索引擎是英语世界中影响最广泛的互联网搜索工具,谷歌集中了全球一半的搜索量,是研究国际影响力的有力工具。

3. 网络运营与在线内容数据

Web 2.0的出现,使得一批以用户主导而生成的内容互联网产品受到了当今社会人们的追捧,这促使人们习惯于通过社交网络共享平台来分享自己的生活与出行,由此网络上产生大量的带有游客活动时间、空间等信息的数字足迹,可以真实反映用户的时空运动轨迹,为揭示旅游流时空分布特征、总结游客时空行为模式、进行旅游流时空演变与驱动机制分析等研究提供了数据来源。

在基于位置的社交网络服务(如Facebook、Twitter、微信、微博、马蜂窝等)中,将用户当前位置上传进而形成带有位置标签(Geo-tag)的数据称为签到数据[171],签到数据在旅游流研究中游客移动行为轨迹分析中得到了广泛的应用。通常情况下,签到数据不但具有地理位置信息,还包含该位置上所承载的兴趣点(Point of Interest,POI)语义信息。

这些签到数据获取方便、省时省力,数据容量大且准确性、可靠性更高,为旅游流研究提供新的契机,还保证了研究结果的科学性、准确性;但是签到数据也有一个明显的局限性,用户只有在主动签到时才能得到记录,海量签到数据中,平均到用户个人的轨迹数据比较稀疏。此类数据可分为以下几种:

在线旅游网站(OTA)的数据还包含网站游线、预订、评价等数据,这些数据目前已被作为新的数据来源投入到新的研究之中。徐敏等通过获取去哪儿网、携程旅行网、途牛旅游网、欣欣旅游网、淘宝旅行网等五个在线旅游网站上的预订数据分析长三角地区旅游流网络结构特征与影响因素[46]。通过马蜂窝、去哪儿、驴妈妈、游多多等旅游社交分享网站,可以获取大量旅游目的地的游记或攻略,在一些详细的游记中有比较确切的时间、地点和旅游线路,通过文本分析、路径分析等方法进行数据的挖掘,揭示其旅游线路和旅游日程,可以很明确地得到游客的实际旅游空间行为的时间变化,然后采用社会网络分析的方法研究旅游者在旅游节点间的时空转移[172]。

便携消费电子产品的普及和移动互联的发展,产生大量带有位置和时间标签的照片,一些学者已使用这些照片研究游客的游览时空轨迹。如一些专门的图片分享网站Flickr、Panoramic等上分享旅游过程中的照片可以获取到照片的拍摄时间、上传时间和上传者,通过技术处理可以得到游客的时空旅游行为轨迹以及照片色彩信息[173]。

微博、微信两大社交通讯软件(国外与之相类似的是Facebook、Twitter等),是国内信息化时代下兴起的使用最为广泛的社交工具。用户在社交网络上留下的旅游数字足迹数量巨大,近五年的国内旅游流的研究中,基于微博签到数据的旅游流研究成为领域热点。仅就新浪微博发布的2015年度微博旅游发展报告中的数据而言,参与新浪微博旅游景点话题的用户数已经达到了5.47亿,利用微博签到工具进行景点签到的用户达到了1 390万次。刘大均等整理分析了旅游机构官方微博账号的空间分布及其影响因素[174]。张子昂等运用用户微博数据研究钟山风景名胜区内部游客活动特征[175]。

张妍妍等利用游记和照片获取西安的旅游数字足迹[176]。

2.4.2 基于大数据的旅游流多尺度时间特征研究

目前,旅游客流的时间变化规律分为年际变化、年内季节变化、月度变化、每周和每日变化等多个尺度。旅游的时间与季节特征研究方面,马耀峰应用年度变动指数、年度结构变化、年度分布变化、季节变动指数、月际集中指数等对中国入境旅游流的时间分布特征进行系统研究[11];钟静等以西递和周庄为例,对历史文化村镇旅游流季节性特征进行比较。相关研究表明,两地在旅游流季节分布不均匀性、季节分布模式和季节划分方面均存在一定差异[177];赵伟采用希芬达尔-希斯曼指数、年季变动指数等,研究了福建省入境旅游流的时间结构[178]。

限于传统旅游流研究中数据获取难度与成本较大,多来源于问卷调查数据与统计年鉴等面板数据,研究者很难对微观尺度下的旅游流时间分布做出分析,其研究成果多集中于年、季、月内时间分布。利用大数据可以比较清晰地揭示出游客客流的分秒内时间变化,而利用游记、攻略、照片抑或是网络签到数据,则可以比较明确地分析游客的年、月、日内时间分布特征。

大数据背景下出现的海量、精准、实时数据使得进行小尺度旅游流时间分布分析具有可能性,在此基础上进行的研究可细微至周、日、小时内的时间分布。李山等利用百度指数关键词搜索数据,获得中国第一批66个5A级旅游景区每天的网络关注度数据,并对其中具有完整数据系列的53个景区展开统计分析,研究旅游景区网络空间关注度在时间分布上的特征[168];李伟等对目的地特殊时段的旅游流时间分布特征进行了研究,发现在各时间段上来武汉观光游览的游客分布较为均匀,探亲访友、商务会议、购物美食在时间上分布的集中度较高,旅游流在短期内涌涨,具有明显的突出高峰[179];唐佳和李君轶以西安为例,基于大规模微博签到数据,得出游客在重要旅游节点可分为"多峰波动型""日间活跃型"和"夜间活跃型"三种日内时间分布模式[180];张腾基于新浪微博签到数据,以上海迪士尼度假区为例,运用小波分析和核密度分析等方法分析了主题公园客流的多时间尺度特征和空间分布规律[181];陈晓艳等通过爬取微博大数据,运用时间分层法、经验模态分解法,探索了旅游区内部客流波动特征,得出钟山风景区不同类型游客均具有"M"型签到时间规律,但性别、地域属性不同表现出明显的签到周期波动差异[182]。

2.4.3 基于大数据的旅游流多尺度空间特征

按照研究对象的空间尺度,可将游客空间行为研究划分为宏观、中观和微观三个尺度的研究。宏观主要指游客从客源地到目的地及多目的地之间的流动规律研究,如国际或省际;中观尺度主要指游客在某个区域目的地内部的分布和移动模式;小尺度游客空间行为研究,指游客在单个旅游景区内部的空间分布规律、行为模式等研究[183]。

1. 旅游流空间分布特征

传统旅游流对国内旅游流空间分布特征的研究主要在省域、城市两个尺度上展开。利用大数据可明确分析出游客在旅游目的地或者旅游景区内部空间上的游览路径、分布特征和规律,还可以分析出不同时间、不同空间的客源地理分布情况,有助于定量分析旅游目的地的热点景区、旅游景区内的热门景点。杨兴柱等借助于新兴网络媒介 Panoramio,提取其中游客的地理标记照片信息数据,研究分析基于地理标记照片的南京市游客空间分布格局和路径轨迹模式[184];张少杰利用相关技术,爬取了来自 Flicker 与 Panoramio 的地理标记照片数据,采用空间热点分析、追踪分析、社会网络分析、核密度分析等多种方法,对大西安旅游圈地理标记照片信息进行可视化展示与全方位分析,揭示游客时空分布和路径轨迹模式[185];罗秋菊和梁思贤以云南省为研究案例,利用网络游记与照片两种"数字足迹",研究入滇自驾车旅游客流的时空特征[186];王录仓等利用新浪微博 LBS 签到数据和核密度估计分析方法,从时空维度对兰州市旅游流特征进行了研究,结果表明在空间维度上,具有典型的"核心(城区)—边缘(周边区域)"结构特征,切合旅游景点和旅游服务接待设施空间分布格局[187];秦静等立足入境旅游流在北京城市内部微观空间特征,使用密度聚类(P-DBSCAN)、马尔科夫随机链等方法探索入境游客热点区域与流动空间特征[188];闫闪闪等根据游客微博签到经纬度数据,采用 ArcGIS 中核密度分析法,分析洛阳市旅游流空间分布特征[189]。

2. 旅游流空间结构特征

对于旅游流空间结构模式的研究较集中在对大量时空信息的挖掘下,采用社会网络分析法构建网络,继而进行节点结构特征和整体结构特征分析,最后归纳总结研究对象网络结构特征。林文辉等通过网络爬虫技术搜集互联网旅游出行数据,结合 GIS 空间分析方法和社会网络分析手段,研究了杭州市旅游流的空间网络特征,并分析这些特征产生的原因[190];周慧玲和许春晓对湖南旅游流空间网络进行分析后发现,该网络具有集聚性、优势子结构有区域指向并具跨越之势、节点的功能各异等特征,并提出湖南旅游空间政策的制定策略[191];王娟等基于对网络游记中时空信息的提取、整理和挖掘,通过社会网络分析方法,归纳武汉自助游流动网络结构特征和流动方式特征[192];曲静和吴铭通过"火车头采集器"在携程网和百度旅游网站搜集到 458 篇网络游记,运用社会网络法分析甘肃省外地散客旅游流的时空及网络结构特征[193];梁玥琳和胡孟姣以宁波市宁海县为例,以社会网络分析为基础理论,利用 Ucinet 6.0 对宁海县旅游大数据平台中的节点线路模块数据进行处理,探究微观尺度旅游流移动规律以及由此形成的网络空间结构特征,并解析其空间效应[194];干青亚等利用 SNA 构建了长三角城市群的网络游记线路及旅游流网络,在不同旅游节点之间建立网络关系,分析其旅游流网络的演化特征[195];严江平等则通过限定时间、限定地点、限定目标游客类别在"马蜂窝"网站记录下的 440 篇游记作为论文的基础数据,综合应用社会网络分析方法,研究得出兰州市外地游客旅游流的时空行为特征[196];张妍妍等利用游记和照片,采用数据挖掘方式提取旅游数字足迹的时空信息,总结西安国内散客旅游流时间及网络结构特征[176]。

3. 旅游流动态时空演化

旅游流的时空演化规律影响区域旅游产品的开发和线路的组织,对旅游流时空演化特征的研究也是近年来国内研究的热点。旅游流时空演化既包括旅游客源市场空间结构的变化，还包括旅游流在目的地内部的运动模式变化。于静和李君轶综合运用观察法、信息追踪法和社会网络时空分析法等方法，结合 UCINET 软件，对微博营销信息的时空扩散规律进行研究[40]。吴静等利用新地理信息技术，采集 500 个游客 GPS 地理标记照片，运用 GIS 空间分析方法，分析游客在南京城市内部及其与长三角其他城市空间流动特性，并提炼游客空间行为一般模式[197]；吴中堂等采用数据挖掘的方法获取 2009 年以来马蜂窝旅行网上的大陆居民赴台湾自由行行程和行程中每一站信息，采用社会网络理论分析旅游流网络的时空变化[198]；靳诚等以南京市为例，利用旅游攻略中的数据，构建了景点间游客流动的关系矩阵，对游客流动的格局、模式和机制进行了系统的分析[199]；王茜雅等以南京市为例，使用南京智慧旅游大数据平台获取数据，研究工作日、周末、3 天小长假、"十一"期间来宁游客客源情况，基于集聚性差异、距离衰减、SPSS 多元回归和空间吸引力研究不同时段来宁客源市场的空间结构动态变化[165]。

2.4.4 基于大数据的人类空间移动行为模式研究

随着精准定位的智能手机与高速移动互联网络通信技术的发展，大量人类地理标记数据被低成本和高精度地获取、整理、保存。大数据时代的到来使得基于个体粒度的海量时空轨迹获取人类移动模式成为可能[200]，基于大数据的人类移动模式研究形成了新的研究流程，形成了人类移动模式的基本度量方法（图 2-8）。而针对大尺度区域中的游客空间移动模式的总结与研究还较弱，现以相关学科的研究展开介绍。

随着技术进步，人类移动轨迹数据的可获得性也得到了提高，真实记录的行为数据可以用以分析归纳人类社会中丰富的空间规律。比如 Song 等构建了探索和偏好返回模型来研究手机信令数据，分析了空间移动模式中存在的标度异常现象[201]。Brockmann 等发现了美元流转数据间接记录的人类空间移动的步长幂律分布特征[202]。

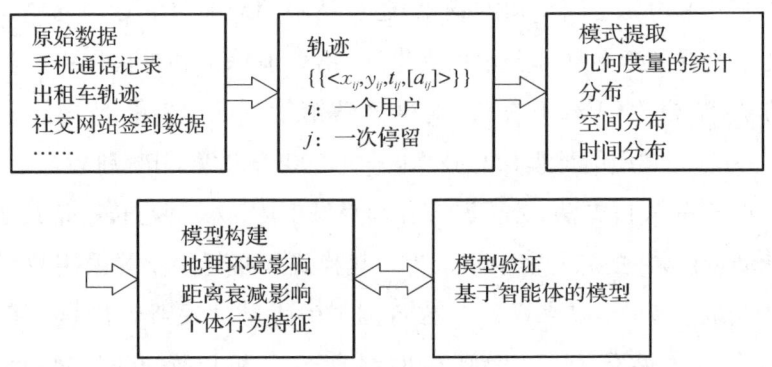

图 2-8　大数据驱动的人类移动模式研究流程
资料来源:见参考文献[200]。

关于个体空间移动模式建模,针对单一交通方式下出行者的空间运动模式,近年来也发表了一批实证研究成果,包括利用 GPS 数据研究出租车乘客[203]、私家车驾驶者和航空乘客的出行模式、利用客流记录数据研究地铁和公交乘客的出行模式等[204]。

除了追踪个人的连续行为,群体的行为特征也是关注的热点。文献基于更大规模的 GPS 数据研究了出租车乘客的乘车距离分布特征,所分析的一个数据集包含了北京市万余辆出租车在 3 个月内的 GPS 轨迹数据,其中记录的出租车乘客出行共有 1 203 万次。通过严格的统计推断和检验,发现出租车乘客的乘车距离更应该满足指数分布的特征,而非先前认定的幂律分布[203]。佛罗伦萨的私家车出行单次行驶里程都近似服从指数分布[205]。研究发现伦敦地铁乘客的乘车距离分布不是幂律也不是指数,而是近似负二项分布[206]。

学者们在对人类移动的特征,如移动步长、回转半径、驻留时间等属性维度进行广泛的探索之后,逐步转为综合性或针对性地研究各类因素对人类移动的营销。针对多个手机数据的研究发现了通勤距离和通勤时间在不同的地区呈现不同的模式,并注意到不同的社会阶层会影响人群的出行模式[207]。Wesolowski 等基于肯尼亚 1 500 万手机用户持续一年的通信位置数据，讨论了使用者社会经济属性偏差对估计手机用户移动性的影响。结果表明基于手机数据分析移动模式具有较好的鲁棒性，受使用者属性偏差影响较小[208]。

在统计的基础上，通过建立偏好返回模型[201]、层次性交通系统模型[209]、空间随机游走模型[210]、周期性随机游走模型[211]等模型描述和理解人的空间行为，研究行为规律的深层机制。近年来，由数据驱动的空间交互新模型丰富和发展了空间交互网络研究的理论与方法。引力模型作为最早的空间交互强度预测模型[212]，主张两个主体之间的交互量与其规模成正比，与两地间距离的幂函数成反比。与类比物理定律得来的引力模型不同，介入机会模型完全是从个体对目的地选择的决策过程出发提出模型假设的[213]。介入机会模型的假设中体现了个体选择旅游目的地时的行为决策的微观机制，用次序而非空间距离来度量各目的地的相对关系[210]。在研究人口迁移、居住或就业地选址等长时间尺度的空间交互行为时使用这类静态模型，在研究交通出行、疾病传播、旅游流动等连续过程问题时，需要采用空间随机游走模型等动态模型。

2.5 国内外研究主题内容对比与展望

2.5.1 国内研究进展

由于中国广阔的地理环境成为巨大的实验室，信息技术和移动应用普及，大尺度和大规模旅游流研究具有数据获取的巨大优势，我国研究相对较丰富。

传统对于旅游流的研究主要以宏观地域尺度研究对象为主，研究数量最多，研究内容最广，研究视角多样，研究方法多元，综合来看主要是从旅游流理论体系研究、旅游流时空模式研究、旅游流测度研究、旅游流驱动机理的研究、旅游流空间辐射效应研究等五个方面进行。而对微观尺度下旅游流研究涉及较少，且研究手段匮乏，多以问卷、访谈、活动日志为主，由于样本的研究量少，同时由于依赖被调查者的配合和回忆，因此数据质量难以保证。近年来ICTs的发展为旅游研究提供了新的视角和方法,其中社交网络的流行更是提供了许多带有游客时空信息的旅游数据,有许多数据给微观地域尺度的旅游流研究提供了新的视角以及方法指引,采集旅游者的时空活动大数据成为可能,大数据对于发现事物发展规律具有小样本无法比拟的优势。

虽然有信息技术手段参与,但所得样本量往往仍然仅为数百[214],与传统调查差别不大。旅游流的定量研究需要精准的数据支撑,而大数据由于具体到个人的签到轨迹较为稀疏,以及社交网络签到数据一般不能完全覆盖到各类人群,对大数据的精确性与可靠性提出了一定质疑。

2.5.2 研究主题对比与展望

在Web of Science核心合集中,主题选择tourist flow+destination及tourist flow+movement,共得到文献280篇。提取旅游流国际(英文)关键词共现矩阵和关键词关联时间线。

由图2-9可知,国际上的旅游流研究主要着眼于季节性、可持续性、气候变化、经济影响、环境影响、目的地选择等研究领域,主要应用重力模型等研究方法,采用面板数据与大数据作为数据来源,研究案例遍及南非、欧洲、意大利、罗马尼亚等地区。而从图2-10揭示的旅游流国际研究的关键词时间线来看,国际研究重点从最初的交通转变为对旅游需求与方法模型的探索、全球化与国际旅游、重力模型与旅游目的地选择、气候变化与中国文化旅游,到近期的可持续性与满意度、绩效评估。

对比国内外的研究热点,可以发现,国内研究侧重于对游客时空行为的探索,注重研究旅游流空间结构、空间网络等内容,主要应用社会网络分析法;而国外研究较多集中于运用引力模型去揭示旅游流的时空演变规律,出发点立足于气候变化、可持续性等方面。

第二章 相关领域研究进展

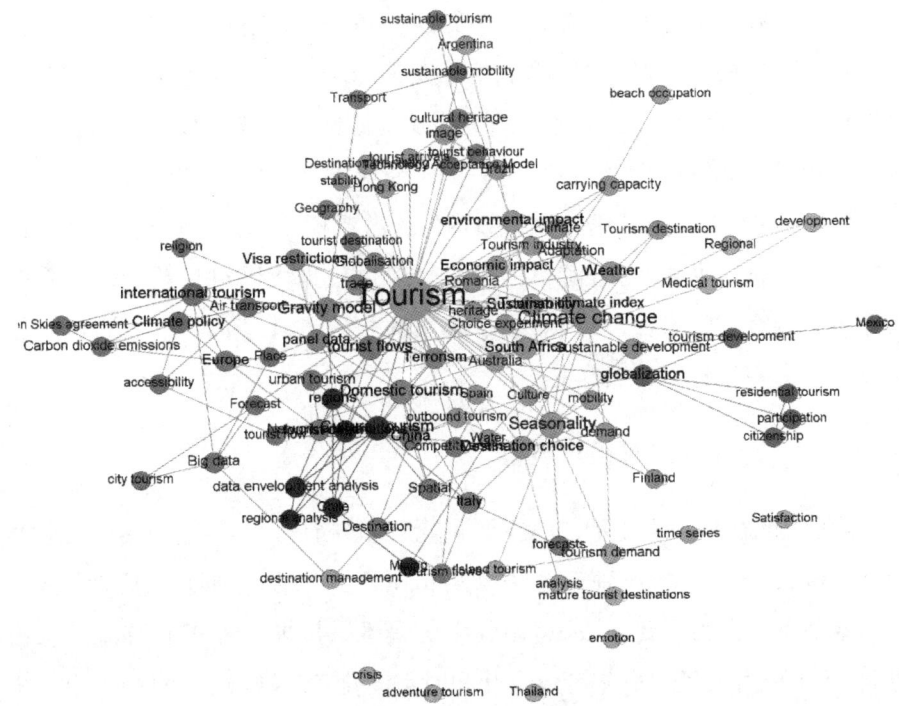

图 2-9　旅游流国际(英文)研究的关键词共现网络

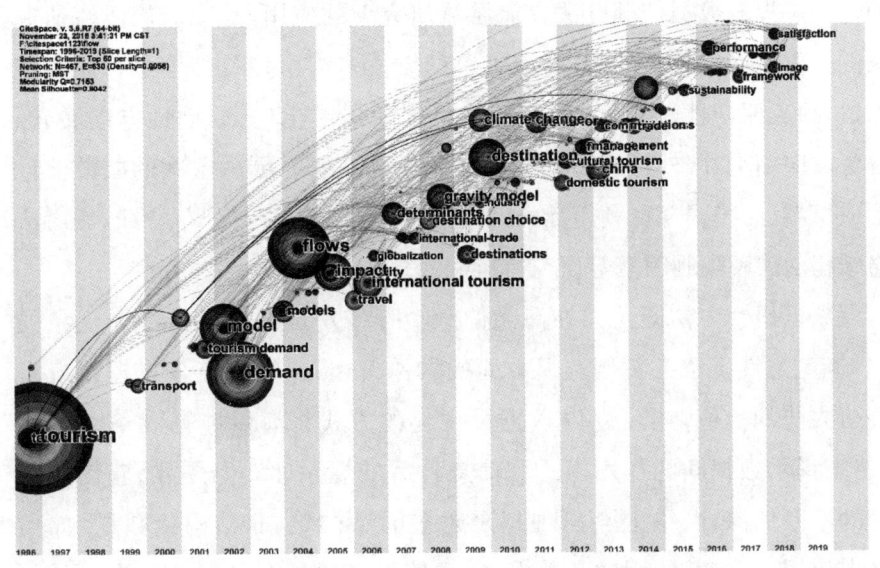

图 2-10　旅游流国际研究的关键词时间线

· 037 ·

从发展趋势看,国内已有研究在时间分布特征、空间结构模式、时空演化特征、规模预测等领域均形成了相对完善的研究成果。近年来,随着"全域旅游"概念的深入人心,未来的研究应从提高旅游者满意度的指向和更好地服务旅游业的发展角度出发,进一步研究影响目的地旅游流时空变化的因素及作用机制,建立基于旅游大数据的旅游流预测、分流等分析机制及区域旅游综合管理模式,为旅游目的地管理提供依据。同时目前的研究多侧重于对旅游客流的研究分析,局限于狭义的旅游流,以后需要向信息流、物质流研究进一步延伸拓展。

2.5.3 研究方法对比与展望

当前,旅游流定量研究方法主要包括计量统计法、GIS 分析法、社会学网络分析法、区域经济学理论方法以及其他相关方法。物理学理论方法也成为旅游流研究的重要方法,运用较多的是推—拉理论分析旅游流的动力机制、运用引力模型分析旅游流交互和时空演化,以及运用空间场效应分析旅游流的辐射效应[38]。

从未来趋势来看,由于大数据将成为旅游流定量研究的重要数据来源,如何进一步提升数据挖掘方法在旅游流研究中的应用,是今后旅游流研究方法的主要发展趋势。同时,此前借鉴的方法多为国外及其他学科研究使用方法,缺乏原创性,未来的研究方法将逐渐向本土化、原创性方向转化。在方法的应用上,国外已经用社会网络分析法来研究更深层次的旅游流网络形成机制,而我国现在利用社会网络描述旅游流的时空分布特征,旅游流网络结构动因及限制因素等研究有待深入。

大数据研究方法既可以在海量信息中直接发现和展示出社会现象的规律,避免定性方法在案例选择方面的样本偏差,又能够充分发挥传统定性分析方法的价值,还可以以数据可视化的方式将海量数据和信息可视化,清晰揭示数据间的作用模式和信息背后的规律性。但是,随着信息化程度的不断加深,网络上会出现越来越多的结构化、非结构化数据,如何正确地挖掘、存储并使用此类数据,并且使得数据具有可信度成为一种新的技术难题。

目前大数据背景下的旅游流研究方法虽有所更新,开始着重于对数据挖掘方法的使用与探索,但适应大数据的研究范式还待探索,研究主题方面还应逐渐丰富。现阶段使用较为频繁的研究方法多为数据挖掘方法,侧重于从海量数据中关联的角度出发获取模式或规律。然而,单纯的数据导向性也决定了数据挖掘方法难以直接揭示人类移动性的深层机理;而近年来越来越多的人工智能方法被应用到旅游预测中,主要有遗传算法、粗糙集方法、模糊时间序列、灰色理论和深度学习等[215]。

下　篇
旅游流空间交互网络案例研究

第三章 案例选取与研究设计

前述相关研究的回顾,为本书的研究提供了有益的借鉴。在空间扩散理论、位序规模理论和复杂网络理论的指导下,我们根据旅游流研究的现有局限和难点,充分发挥基于手机信令的大数据监测平台的数据优势,以江苏省省域目的地的高等级景区旅游客流为研究对象,采用丰富的大数据资源,选择空间分析和社会网络分析等多种技术方法对旅游流多尺度空间及网络特征、空间分异与机制进行研究。

3.1 研究目标与意义

3.1.1 问题提出

第一,大多数的旅游研究将某种空间尺度作为研究的边界,缺少从多尺度交互视角来系统探讨游客流动网络。江苏省域范围由数个旅游目的地区域(Tourist Destination District)[45]或"旅游区域"[92]组成。旅游景区在区域尺度(苏南、苏中与苏北)和城市尺度的空间分布、客流分布和多目的地客流网络的分布规律有哪些,又存在哪些时间变化、空间集聚与分异特征,都值得实证分析。进一步地,目的地旅游流间的"不对等"程度受哪些因素影响以及在作用上是否空间均衡。

第二,在移动互联新时代和高速交通体系完善的背景下,本已复杂多变、今又更加全域扩散的大众游客出行对系统认知游客流动和与空间的交互关系提出了更高的现实要求。以往研究基于小样本的调查方式无法覆盖省域尺度的众多目的地;而基于网络UGC信息使用大数据方法获得的部分数据也无法完全代表实际的线下客流。在手机信令监测平台支持下的大尺度区域的大样本研究,最为基础的是关注游客群体空间移动模式和扩散特征以及不同城市的跨城市扩散是否存在时空变化,继而是区域内多目的地旅游流复杂网络的结构特征、局部网络交互和微观网络模体结构。

第三,在具体的旅游客流研究中,一种是来自外部客源地的客流在目的地区域内的整体分布(如中国入境游客[216]),一种是目的地区域内部的多目的地(节点)游线流(如长三角、新疆等区域的客流)。受数据获取和研究框架限制,往往只能针对一种客流类型而无法将其联系起来。如何厘清目的地旅游客流量与目的地内节点的游客流动之间的内在逻辑关系及其相互作用机理,基于网络构建面向多尺度联系的游客流动模式体系成为亟待解决的重要科学命题。现有社会网络的研究仍然停留在网络特征阶段,网络结构简单,对其机制研究和新的模型实证研究不足。进一步地,旅游流网络是如何形成的?景区的资源类型、区位、等级等节点属性如何影响其在多目的地旅游流网络中的地位?在复杂网络中的空间依赖关系是否存在?如何交互作用?

3.1.2 研究目标

本研究利用多种来源的数据尝试建构适宜的方法论与方法框架应对日益复杂的客流动态,比较分析不同旅游客流的时空格局差异,揭示客流扩散的动态规律,阐明游客流网络的形成机制。研究遵循"理论推演(旅游流)—解释框架(空间与网络特征)—验证假设—模型构建—结果分析(格局与机制)"的思路,加强网络分析、空间分析等定量技术与系统分析等定性研究的交叉运用并综合集成,以期达到如下的研究目标:

(1)建立目的地区域旅游流多尺度研究的理论分析框架,分析省域内旅游流分布的时间规律和空间特征;

(2)基于大样本数据,揭示目的地区域内游客迁移模式与扩散特征;

(3)厘清多目的地旅游流网络及其复杂性组织特征,廓清多目的地网络结构模式及目的地区域间网络交互结构；

（4）揭示省域旅游流空间集聚与时空分异特征，通过时空格局与网络形成机制的研究，最终为旅游大数据辅助决策和目的地区域竞争合作发展提供科学支撑。

3.1.3 研究意义

1. 理论意义

旅游流研究是旅游研究的核心问题之一。在大众旅游和大数据都逐渐普及的新时期，旅游流研究需要从"小样本"向"大样本"以至于"全样本"，从"单点层次"向"关系层次""网络层次"深入。本书运用规范的实证研究，以空间分析与社会网络分析为主要研究方法，基于多源大数据进行多学科交叉的综合分析，围绕不同空间尺度和网络层次的目的地区域，深化旅游流移动、扩散和空间交互研究，丰富旅游地理学理论研究。结合旅游流空间和多目的地网络的交叉分析，着重网络中"关系"的特征和形成，分析景区作为节点的属性差异和距离网络对旅游流网络构建中的综合作用机制。

由于长期以来数据来源和类型受限，传统的旅游流空间交互研究存在一定局限和停滞，不仅无法充分地刻画区域空间结构和功能特征，也难以对旅游流网络的动态演化特征进行细化研究。本研究基于覆盖省域内全部高等级旅游景区的手机信令长期监测和针对性大样本抽样数据，在影响机制研究中进一步引用网络评价和电子地图等新型数据，为研究空间交互和揭示旅游地理环境特征丰富了新的力量，有助于丰富大数据分析方法，也将有效拓展旅游景区，增添目的地区域及旅游流领域的研究成果。

2. 实践意义

促进目的地区域内部的游客扩散对目的地的发展是至关重要的，是目的地区域形成和竞争力提升的重要体现，也是全域旅游的重要表现。旅游区域扩散与游客增长、花费提升一起并列为区域旅游发展的三大战略目标，是旅游发展评价重要的指标组成部分。延长旅游游线对提高游客住宿率和消费额有直接促进作用。

通过对目的地区域旅游流网络结构演化过程与机制的研究,可透视省域旅游流网络结构的现状和问题,进一步明确演化的影响因素和机制,促进客源地与目的地的供需匹配。对省市层面的旅游管理而言,可以为明确目的地定位,发挥特色优势,拓展区域旅游合作,优化交通设施、旅游咨询等公共服务工作提供参考,合理进行顶层规划引导。对旅游流扩散机制的研究,还有助于带动旅游欠发达地区,促进旅游在省域区域间均衡发展。就旅游景区和相关行业经营主体而言,可以根据目的地区域的时空特征和多目的地旅游流网络的形成机制,根据游客行为特征在旅游产品的开发、游线及目的地营销等方面更好地满足游客偏好。

基于旅游大数据监测平台成果的科学实证研究,是"旅游+互联网"的必要尝试和智慧旅游产学研结合的重要体现。在开展旅游规划、产业决策、市场营销等方面应用大数据方法和技术,有助于提高旅游规划的科学性,提升旅游公共服务供给能力。

3.2 研究内容与技术路线

3.2.1 研究内容框架

学界对不同空间和时间尺度上的旅游流动特征进行了长期广泛的研究,但对不同尺度的目的地区域内及其间的游客扩散的时空特征、交互作用机制和模式体系缺乏深入的分析,无法适应游客出游需求、旅游行业提升和优化管理的需要。依托大数据平台的长期监测数据,分析省域(区域)尺度的游客流量的时间与空间特征,分析单目的地和多目的地游线的空间自相关性与目的地竞争格局;利用高等级景区间游客多目的地流动数据,研究移动模式与扩散特征,提炼分城市、分社团的结构模式。着重从流动的视角,基于复杂网络分析方法研究游客流动的格局特征与形成机制。主要包括四个方面:

省域旅游流时空格局特征,包括省域景区客流的位序规模特征、客流季节分异与重心迁移,以及客流空间格局特征与客源分异。

区域内游客流动模式与网络特征,包括游客多目的地移动模式与流动扩散的时空特征;多目的地旅游流网络的复杂性,省域旅游流网络结构与社群分组,省域旅游流网络的交互特征。

多目的地旅游流网络形成机制分析,从节点、内生性网络、外部网络三个层次综合分析旅游流的形成机制,研究点—关系、关系—关系的网络交互作用。

旅游流空间交互作用机理研究,包括研究地旅游流交互受空间距离影响及作用机理;分析节点网络核心度值、多目的地客流量和年客流总量的影响因素及其空间分异。

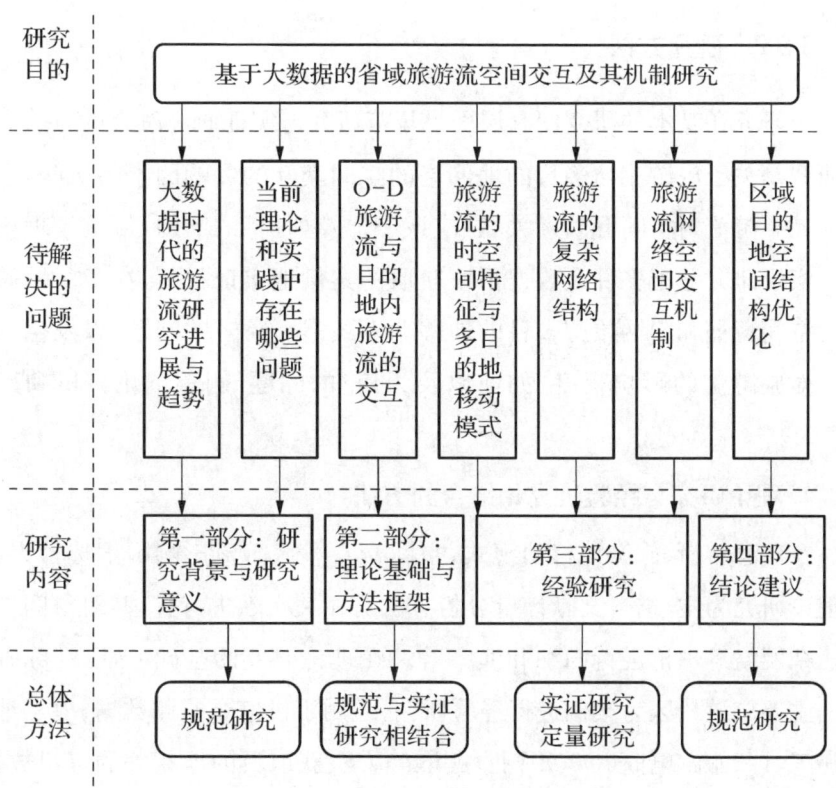

图3-1　研究框架

本书在上篇论述旅游流空间理论和选题意义，在第二章对当前旅游流及大数据的相关国内外研究进行了系统整理。在下篇旅游流空间交互网络案例研究中，第三章介绍了研究的理论基础和分析方法，包括大数据分析方法、空间分析方法和社会网络分析方法，为后续实证分析提供理论和方法基础。后续的研究部分，包括第四—七章，作为本书的主体。利用位序规模、核密度和增量空间自相关等方法分析省外游客旅游流在省级区域内的分布扩散特征；利用社会网络分析方法研究多目的地旅游流在多尺度空间中的交互网络结构。继而分析目的地旅游流的网络节点指标的影响因素及其空间分异。并使用社会网络统计推断方法研究旅游流网络的形成机制。在全书最后，进行系统性总结，提炼本书的主要研究结论、创新点以及后疫情时代的区域旅游韧性未来研究的展望。

3.2.2 研究方法

本研究在基本的研究理念层面是规范研究与实证研究融合的方法。规范研究是关于旅游流与多目的地网络的空间交互的影响因素与机制，它解决区域旅游流与空间等因素关联"应该怎样及如何"的问题，偏重于理论判断。实证研究基于多种大数据手段获取的案例地实证材料，探索区域旅游流时空间特征和归纳旅游多目的地移动模式"是怎样"的问题，以及空间等因素对旅游流的影响程度"如何以及为何"的问题，侧重量化分析和事实判断。

1. 理论研究与经验研究相结合的方法

在概念辨析、旅游流移动模式、空间交互和旅游流影响因素选择方面，以理论研究为主，结合文献计量分析方法对相关文献进行整理，对空间扩散和复杂网络等理论进行归纳和演绎等。在理论研究的基础上，以江苏省范围内主要旅游景区为案例进行经验研究，运用手机信令监测数据、电子地图API工具和旅游电商（OTA）网页爬取等方法获取目的地相关的资料数据，通过实证分析验证和充实旅游流空间交互机制，发展已有目的地区域理论，充实旅游扩散机制的体系研究。

2. 定性与定量结合的研究方法

定性分析是定量分析的基础和总结,定量分析是定性分析的深入细化,定性和定量结合分析的数理研究方法能够结合二者的优点,使研究成果更具全面性、可信性和精确性,成为现代旅游研究重要的研究方法。本书首先利用文献计量学软件,对国内外技术转移相关研究的知识前沿、知识基础、研究热点进行量化分析,实现研究主题趋势的全面把握。然后,使用丰富技术手段获取的多种旅游流相关数据,多维度描述统计分析省域入游流的时空分布、位序规模特征和移动模式特征;进一步地,通过地理加权回归模型和指数随机图模型等研究旅游流的影响因素和网络空间互动机制,对定量研究结果进行归纳总结。

3. 空间分析与网络分析结合的研究方法

本研究一方面利用地理信息系统技术构建江苏景区空间数据库,分析旅游流的空间分布,并利用增量空间自相关发现旅游流交互和游客入游目的地选择方面的距离阈值。运用 Geoda 软件计算 OLS 模型和地理加权回归模型的相关参数;基于 ArcGIS 空间分析工具中的探索性数据分析和旅游流影响因素的地理加权回归分析的可视化表达。计量分析方面,使用 Ucinet 社会网络分析工具进行旅游流网络的结构特征分析和"关系—关系"的 QAP 相关分析,基于 R 语言平台构建引力模型估算、旅游流网络的指数随机图模型分析网络与空间及其他因素交互的机制。此外,还使用了 Gephi 可视化分析工具进行部分社会网络结构分析和结果展示。

3.2.3 技术路线

在对国内外旅游流的研究背景和研究进展的分析基础上,从目的地区域旅游发展实践和大数据应用的认知出发,以多尺度目的地系为研究对象,分析区域旅游客流时空结构和多目的地复杂网络结构(图3-2)。在收集大量、多源数据的基础上,应用旅游地理学、空间经济学和复杂网络理论等多学科理论,采用分形分析、空间回归、社会网络分析和数据挖掘技术等研究手段对江苏省域主要景区旅游流的时空特征、网络结构特征、影响因素和动力机制进行系统研究,发现目的地区域旅游流扩散的基本规律,探究多目的地旅游流网络形成与发展的内在机理。

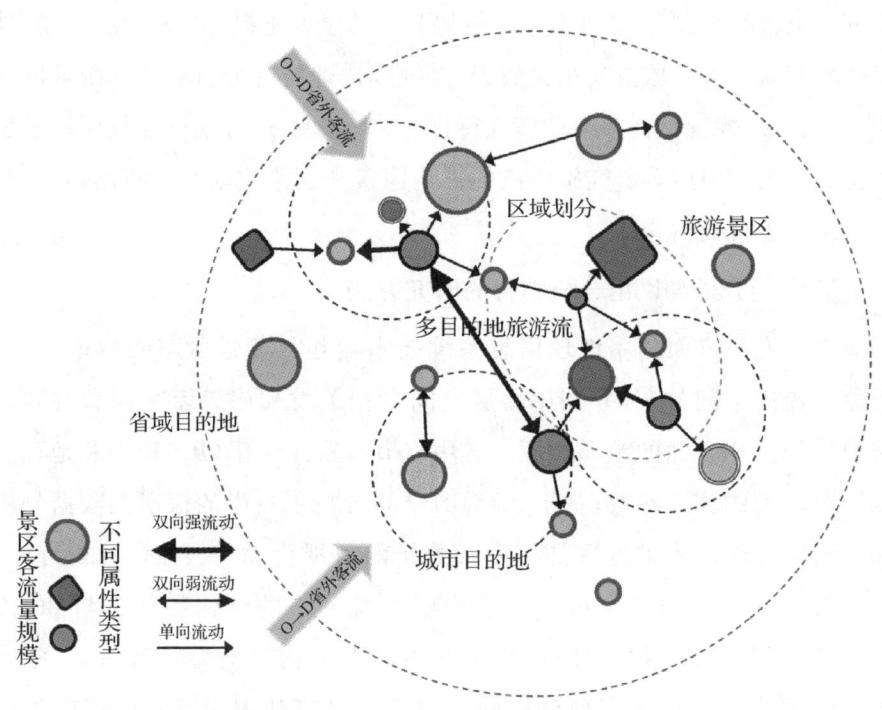

图 3-2　不同目的地区域空间尺度与不同类型旅游客流衔接

研究技术路线具体如图 3-3 所示。

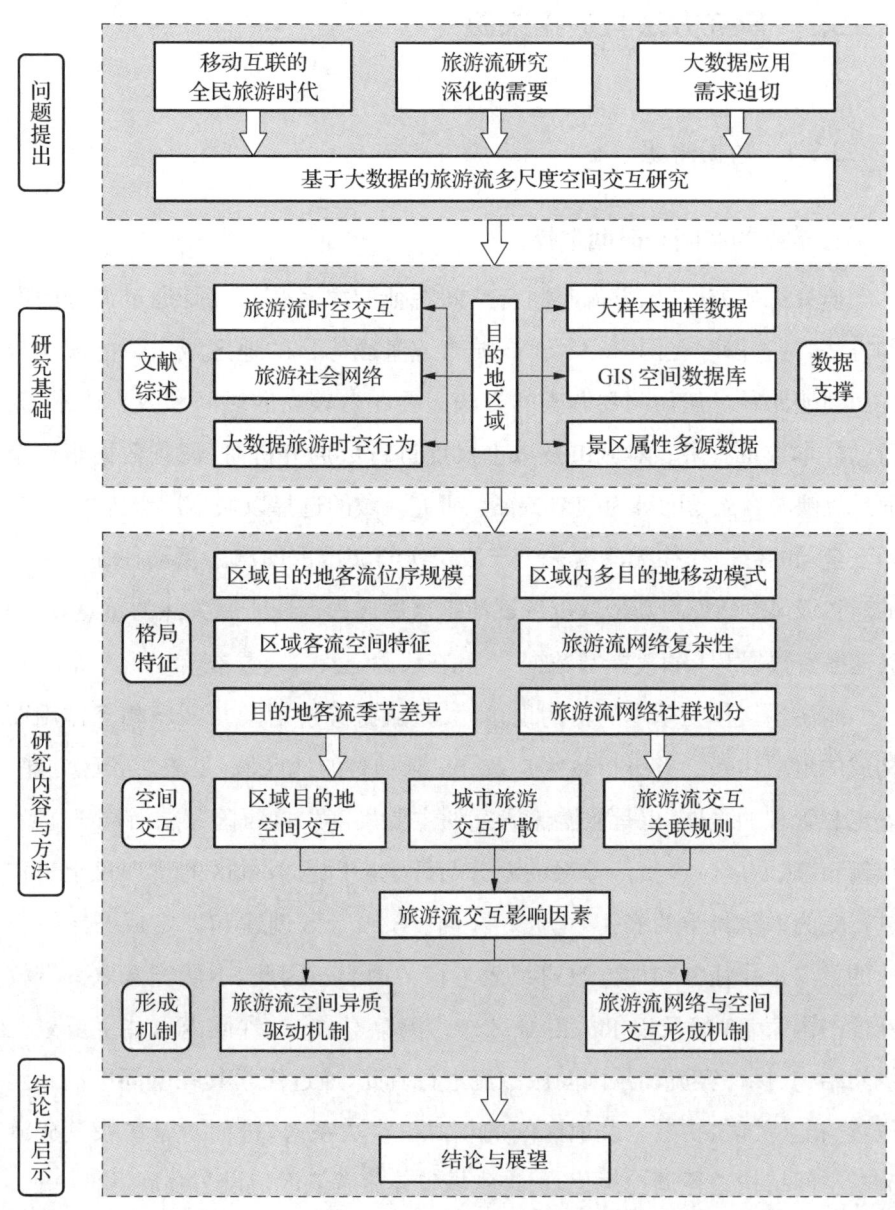

图 3-3 技术路线

3.3 研究方法与数据来源

3.3.1 数据来源

1. 数据的空间与时间选择

研究区域方面,旅游流时间与空间特征的大多数研究是通过调查问卷的方法,调查游客在国家、经济区、城市或景区等目的地区域内部的流动与扩散轨迹路径。然而问卷调查的方法需要花费较高的时间和人力成本,获得的样本数量有限。对城市及以上尺度进行数据分析时,调查数据难以全面地反映游客流动的行为细节特征。研究区域的选择以城市层级为主,全省乃至全国的数据往往无法覆盖。省级层次与城市内的旅游流动往往是不同的。省级尺度研究在新型数据源逐渐丰富后成为近期研究关注的重点,比如高速缴费数据[217]、百度指数数据[218]和在线游记及游线数据[148]。

旅游景区作为基本的目的地单元,是旅游经济活动与区域相互作用而构成的地域体系。省级行政区是系统复杂的目的地区域,是旅游景区创建、评定和管理的主体,也是旅游流研究的主要尺度。自原国家旅游局于1999年颁布《旅游区(点)质量等级的划分与评定》开始,对景区的管理评定工作进行更为系统科学的安排,由此,4A与5A级景区创建和评定成为旅游行业的重要工作任务和地方政府绩效考核的内容。因此,本研究选取具有权威性的国家4A级及以上旅游景区作为测算对象,对省域内这些主要景区空间结构、接待客流和景区间旅游流进行研究,通过探索其在空间中的相互位置、相互关联、扩散以及地区间的相对平衡关系等,进而对景区及其旅游流的空间结构进行调控优化,促进省域整体旅游景区建设与发展。

基于多方因素综合,我们选择国内领先的省级旅游目的地——江苏省(图3-4)为研究区域。江苏辖江临海,扼淮控湖,经济繁荣,文化昌盛。江苏地跨长江、淮河南北,拥有吴、金陵、淮扬、中原四大多元文化及地域特征,气候、植被也同样同时具有南方和北方的特征。江苏人均GDP、地区发展与民生指数(DLI)均居全国省域第一。2017 年江苏全省接待国内外游客 7.5 亿人次,旅游行业总消费超过 1.1 万亿元,旅游业增加值占全省 GDP 的比重超过 6%。江苏省的智慧旅游工作在国内起步早,发展成熟,旅游信息化在旅游统计、客情监测、旅游应急管理、旅游精准营销等方面发挥了积极作用。从 2016 年起,江苏省旅游局与相关移动运营公司逐步建设江苏旅游客情监测平台,分析对象包括进入省域范围内所有国内手机用户,重点是高等级的旅游景区。其根据手机信令定位数据和用户登记信息综合确定客源地等统计信息,具体而敏感的信令得以隔离和保密,更方便了相关学术研究和商业应用。

图 3-4 江苏省行政区范围及主要交通系统现状

研究时间方面,本书选择监测平台完善的首个完整年份——2017年全年及分月的各景区客流量数据(在季节性聚类分析中采用2016—2017年月度数据完整的68个景区)。基于手机信令的智慧大数据分析系统作为一种高度集成复杂的大型应用平台是近几年来逐渐探索建设的,无法进行多年的历时性动态分析。受数据量庞大带来的存储和服务器处理能力限制,平台中详细信令数据等仅能保留3个月,因此我们抽样单程多景区游客的时间选择为江苏旅游接待旺季以及旅游节假日较多的2017年的3—5月。

需要注意的是,不同数据统计手段带来的数据代表性问题由来已久并将长期存在,在逐渐丰富的大数据研究领域尤甚[200]。因此,手机监测平台所得的游客量数据与传统方法的统计数据、景区门禁卡口数据等并不完全一致,本书具体数据不可作为相关实际统计分析与决策的依据。

2. 景区客流量数据获取

手机用户在其移动过程中需要在所在基站小区注册,通过提取注册的基站小区的Id号将用户对应定位到该基站信号覆盖的地块。相对GPS等定位技术,移动信令定位方法可以覆盖亿级的用户,在数据获取单位成本上具有明显的优势[219]。基站小区覆盖范围半径在500 m左右,受市区密集而郊区分散的影响。对市区内的小型景区,可以通过周边的多个基站进行联合定位,具有满足从省域到景区多尺度的旅游流研究和应用的优势。

通过覆盖全域的基站连续追踪用户定位,从而对游客旅游移动进行比较全面完整的记录。与传统统计景区游客量即进入景区的人员不同,基于手机信令监测的"游客"需要进行时间和空间的定义。"景区游客"的数据规则为相应景区地理围栏范围及开园时间段内,当天停留超过2小时(本市居民)或0.5小时(外地)以上的旅游者,时间划分为对照部分具有详细客流统计设备的景区后的经验标准。其中,0.5小时是游客手机与景区内基站信令通信记录的间隔时间,对应游客实际停留超过此时间。对大型开放式景区,过往通勤交通用户也已通过模型排除;景区内部居民及工作人员根据长期监测情况进行剔除。某家移动运营商监测的游客根据其市场占比情况进行反推得到总客流量,前提假设为不同运营商其客群的旅游行为特征基本相似。

截至 2016 年,江苏共有 204 个国家 4A 级及以上景区,其中 5A 级景区 22 个、4A 级景区 182 个附录 A。这些景区接待的游客量相当于江苏省接待外来游客和省内跨城市总量的 75％左右,具有较好的覆盖度和代表性。因纳入监测平台和相关基站设备检修、调试等技术问题,有 21 个景区缺失部分月份(2 到 6 个月不等)客流量,在总量分析中参考前后月度平均数据或次年相应月份数据对缺失值进行了平滑补充处理。在季节性分析中,为保证结果有效性,仍然采用 182 个全年分月数据完整的景区。

3. 多目的地客流数据获取

在分析省域内时空格局特征规律时,我们使用的是各个景区的分月游客规模,在分析旅游流的空间交互时是不全面的,也无法在流动空间的理论背景下,基于移动模式特征来厘清不同尺度区域目的地之间的旅游流联系。基于大数据的技术优势,我们继续抽取了游客出行中的景区组合。

根据 2017 年 3—5 月间各景区范围内监测的外省手机漫游信息,脱敏并随机抽取了约 19 万省外景区游客。在休闲旅游的大背景下,本省居民出游的多目的地特征不明显,因此本研究中游客仅包括省外游客,但受信息敏感性要求,未获取具体分客源省市的游客线路数据。为了减少短期多次出游的干扰,对线路数据设置的规则是需要在 7 天时间内持续地出游,详细来说,从省外手机用户在江苏省范围内,移动通讯记录漫游开始的日期,设置 7 天的浮动周期。记录其在一周内到访的景区及顺序,共获取约 4.5 万人次的 4A 级以上景区线路顺序组合(已屏蔽或删除个人信息)。与许多大数据研究不同的是,本研究涉及的大数据已经过监测平台进行数据清洗等工作。游客线路数据与景区年客流量数据的区别在于,泰州溱湖景区与溱潼古镇因距离较近较难分离而暂时合并为一个目的地,天宁禅寺与何园两景区因设备异常未纳入抽样统计。

此外,景区评价及门票价格数据来自携程网(http://www.ctrip.com/);基础地理数据主要包含江苏及分城市行政区划图、204 个景区点数据,以上数据均保存为 shapefile 格式矢量数据。江苏行政区划图来源于国家地理信息系统数据库。204个景区点数据来源于电子地图,在百度地图(https://map.baidu.com/)拾取204个景区坐标点,之后通过API接口加载点经纬度数据,并转换设置为与江苏行政区划图统一的坐标系统。景区周边10 km高等级酒店数量,需要首先将所有景区的坐标信息以列表形式存入Python编写的程序,随后调用百度地图API依次对各个景区10 km半径范围内的酒店进行查询,百度地图开放平台会以Json格式返回以景区为圆心向外10 km范围内所有酒店的详细信息,对返回的若干条信息进行筛选,选出各个景区周边的五星级/高档型酒店并统计数量。

3.3.2 主要研究方法

旅游流是围绕游客出游活动的一系列物质与能量在区域空间上的表现。本研究在分析区域入游游客分景区客流量的位序规模特征、季节特征与空间格局,以及多目的地客流的移动模式、关联规则与扩散的时空分异基础上,通过多目的地旅游流复杂网络的拓扑结构与月度分异特征,不同尺度目的地区域分异与交互特征;对目的地旅游流网络的形成和演化动力进行相关分析、QAP网络相关分析和引力模型分析,并采用指数随机图模型(ERGMs)进行网络交互的综合考察。进而对影响旅游流的因素进行回归分析和GWR地理加权回归,研究旅游节点流量的影响因素的空间分异。最后通过对定量研究结果进行归纳总结,厘清旅游空间交互与旅游流复杂网络形成的规律和机理。

1. 大数据相关技术方法

一方面,本书充分使用数据科学分析方法,利用国内丰富的互联网大数据开放资源进行数据的调取和爬取,得到景区位置与相互距离信息、景区区位与酒店配套情况和网络评价数据。另一方面,充分利用电信移动运营商搭建的手机信令监测平台得到的长期统计数据和大样本抽样数据。因此,本书遵循"数据质量检测—数据有效处理—数据可视化—数据挖掘—数据分析"的大数据分析路径,尽可能地借助于网络数据的可视化技术来对游线网络的基本结构进行分析描述和探测。

2. 空间分析方法

基于 ArcGIS 和 Geoda 空间分析工具对旅游流时空特征和影响机制进行研究,具体包括探索性空间分析、重心轨迹分析、空间增量自相关、核密度分析、旅游扩散度量分析以及 GWR 地理加权回归分析。空间自相关用以检验旅游景区的某种属性值是否显著地与其相邻空间点上的关联关系,主要使用的是全局自相关和局部自相关。全局自相关(如 Moran's I 指数)研究的是整个区域的趋势是否存在空间特征,使用类似于统计学的相关系数衡量空间要素的相互关系;局部自相关(LISA)则是通过分析局部区域中的属性,探索整个区域某种属性的变化是否平滑均质。增量空间自相关和核密度分析方法可以探索旅游流分布的集聚特征。

地理加权回归模型(GWR)是一种改进的空间线性回归模型[220,221]。该模型较一般线性回归模型增加了局部空间区域的参数估计,加入了要素的空间权重矩阵。模型对各因素影响每个要素的系数进行估计,便于对空间结构分异进行可视化展示。选取恰当的影响因素变量及其参数设定,构建地理加权回归模型 GWR 如下:

$$y_i = \beta_0(u_i, v_i) + \sum_{k=1}^{p} x_{ik} \beta_k(u_i, v_i) + \varepsilon_i \tag{3-1}$$

式(3-1)中 y_i 为第 i 个景区的网络核心度值、加权度流量和年接待客流总量等因变量;设第 i 个景区的地理中心坐标为 (u_i, v_i);$\beta_k(u_i, v_i)$ 为第 i 个景区的回归系数,β_0 为常数项;k 为自变量;ε_i 为随机误差项。

3. 社会网络分析方法

社会网络分析(Social Network Analysis, SNA),源自物理学中的适应性网络,通过统计学、拓扑学和图论的定量工具,着眼于节点间关系和整体网络结构的研究体系。将网络中个体间关系、"微观"网络结构与整体系统的"宏观"结构结合起来,对应网络类型可以划分为整体网、局域网、个体网三个层次,数十年来在社会学、心理学、人类学等多种学科广泛应用并相互融合,并在目的地间引力交互、旅游流特别是旅游线路研究中有许多应用,已然形成独特的研究分支。具体包括基于模块度的社团划分方法、模体识别技术和 QAP 相关分析,以及基于指数随机图模型的网络建模。

近年来,网络建模与统计推断技术的不断发展为传统社会学提供了新的契机,让我们能有效回答一个更为基础的问题:网络如何形成。目前基于网络的统计推断模型有很多[222],主要包括指数随机图模型(exponential random graph models)、潜变量网络模型(latent network models)及随机块模型(stochastic block models)等。ERGMs 由 Frank 和 Strauss 等提出,目的是解释网络中的连接关系如何以及怎样形成[223]。其背后的基本假设是:现实的观测网络是所有节点关系可能组成的潜在网络中的一种实现,如果一个观测到的网络的特定结构特征明显有异于这些网络节点随机生成的其余网络,则意味着该网络的形成受到某些特殊结构的影响。ERGMs 区别于 Logistic 回归等常见计量模型的独特之处,在于其更强调网络中关系与关系之间的依赖性,即节点间关联出现的概率取决于自身网络结构其他关系是否出现和相关的其他网络关系。指数随机图模型的目的在于解释网络中的连接关系如何以及为何会发生,因此其被解释变量是指一个网络出现的概率。

第四章 目的地区域旅游流时空分异

区域差异发展是社会与经济发展的一种常态,受旅游资源和市场的分离特性等原因,旅游的区域分异尤为明显。研究目的地区域差异有利于在更高层次上均衡协调目的地建设和区域旅游发展。旅游的发展依赖于旅游景区作为吸引物的广泛发展和旅游空间的生产,旅游景区既是旅游业重要吸引物,也是促使旅游流发生、停留和移动扩散的载体与空间。因而旅游景区及其旅游流分布的时间特征和空间结构的相关研究一直是学术界研究的重要内容之一。以景区为目的地基本的面状地理单元,把握省域旅游流的时空格局与季节演化过程,丰富和发展多尺度区域旅游的复杂系统研究,有助于优化旅游供需和均衡区域景区体系结构,对促进景区效益提高和转型升级意义重大。

旅游景区的等级结构是旅游流空间交互的动力之一。位序规模理论最初来源于城市地理学,研究城市规模和城市位序之间的关系[224]。齐夫(Zipf)等学者对奥尔巴克的模型进行了修正,使其更加具有科学性[225]。基于位序—规模或概率分布的分形(fractal)方法,启发人们通过认识部分来认识整体,通过分形揭示了有序与无序的秩序性形态。从分形理论出发,可以揭示旅游流体系的等级层次结构、核心边缘结构、客源与区域差异等[226]。

近年来,位序规模理论在国内获得了广泛的应用。旅游景区是游客出游流动的空间和载体,不仅景区吸引力的等级规模分布满足齐夫法则[227],其承载的游客量也符合位序—规模分布规律,具有单分形或双分形特征[51]。对于具有分形性质的地理现象,如果节点列在双对数坐标图上为直线分布,则为单分形;如果形成两个拟合直线段,则为双分形。

江苏省是我国旅游业最发达的省份,是旅游资源的富集区和重要客源地,在高等级旅游景区的数量上和质量上名列前茅。江苏景区建设成果丰硕,大众旅游流动活跃,研究区域内 204 个景区的客流量时空特征,有利于明确省域目的地间的竞合关系,提升江苏作为整体目的地的空间优化。

4.1 景区旅游流省域位序规模特征

根据监测平台数据,2017 年江苏省 204 个主要景区共接待游客 3.25 亿人次。其中,5A 级景区 22 个、4A 级景区 182 个。从江苏省内各旅游景区接待游客量的整体来看,在第 180 位景区之后,旅游客流量迅速下降。第 180 位(新四军刘老庄连纪念馆)约接待游客总量 18.1 万人次,第 1 位(夫子庙)是其近百倍;第 204 位(鸿山遗址博物馆)仅 4 279 人次,也仅是第 180 位景区的 2%。

分苏南(包括南京、苏州、无锡、常州、镇江,86 个 4A 级及以上景区)、苏中(包括南通、泰州、扬州,25 个 4A 级及以上景区)、苏北(包括徐州、连云港、宿迁、淮安、盐城,93 个 4A 级及以上景区)三个区域分析景区游客量的分区域特征,苏北地区景区数量最多,苏南景区接待的游客量更多。苏南景区接待游客量占总量的 62.3%;苏中景区数量与游客接待量同为 12.3%;苏北地区以 45%的景区数量占比仅接待了 25.4%的游客量。

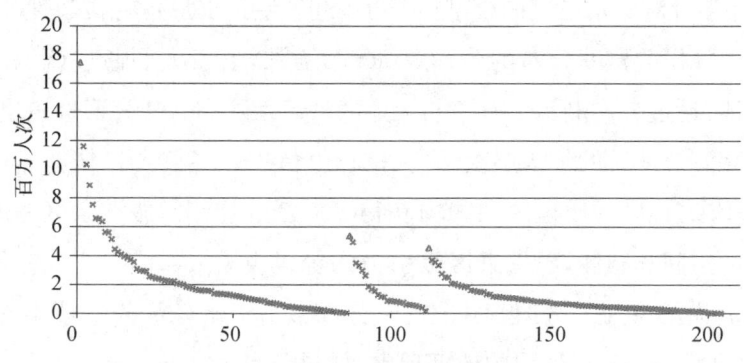

图 4-1　江苏省主要景区游客量分区域位序图
* 依次分别为苏南、苏中、苏北

根据旅游流位序—规模分布的演化特征,齐夫(Zipf)参数值代表景区游客量在目的地区域的规模分布差异,有助于分析旅游流规模分布的空间形态特征[228]。为了进一步研究景区游客量分布规律,借助位序规模法则可对江苏省主要景区游客量与位序之间的关系进行分析。

$$P = KR^{-q} \quad (4-1)$$

式(4-1)中,P 为位序为的景区游客量,系数 K 为景区中的最大游客量,q 被称作齐夫参数,将上式两边取自然对数,得到

$$\ln P = \ln K - q\ln R \quad (4-2)$$

利用式(4-2)对景区游客量数据进行回归分析,转化为罗特卡模式方程,即可求出常数 K、q。依据 q 值的大小,可将旅游规模分布分为3类:当 $q \leqslant 0.85$ 时为分散均衡型,$0.85 < q < 1.2$ 时为集中型,$q \geqslant 1.2$ 时为首位型。按照位序规模法则进行拟合(图4-2),表明江苏省景区游客量分省内、省外游客均满足位序规模法则。景区省内游客量拟合方程中齐夫参数 q 低于景区省外游客量规模,省内更接近于1,说明规模等级结构的分布模式趋向于对数正态分布。

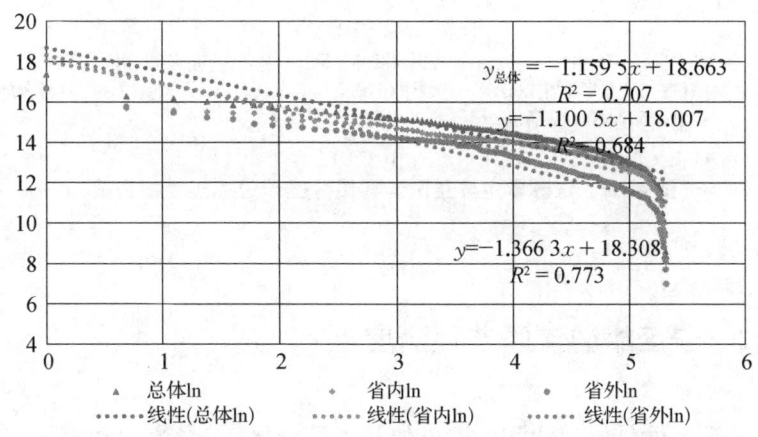

图4-2 江苏省主要景区游客量位序规模拟合图

分省内、省外客源分析规律基本一致,省外差异更大(齐夫参数 $q=1.366$),更符合首位型特征。齐夫参数 $q>1$ 时,各景区旅游流的差异化程度加大,等级明显,客流规模结构呈不规则帕累托(Pareto)的空间分布形态。

为进一步研究旅游流规模结构在空间地域分布上的变化规律,分别对苏南、苏中、苏北三个区域的景区位序—规模效应进行分析(图4-3)。苏中地区 q 值(0.954)接近1,表示该区域内景区的旅游流规模间隔差距较一致,等级结构的空间表现形态呈 Pareto 分布模式,苏北、苏南呈现逐渐强化的不规则 Pareto 分布模式,苏北表现出更强的长尾效应。

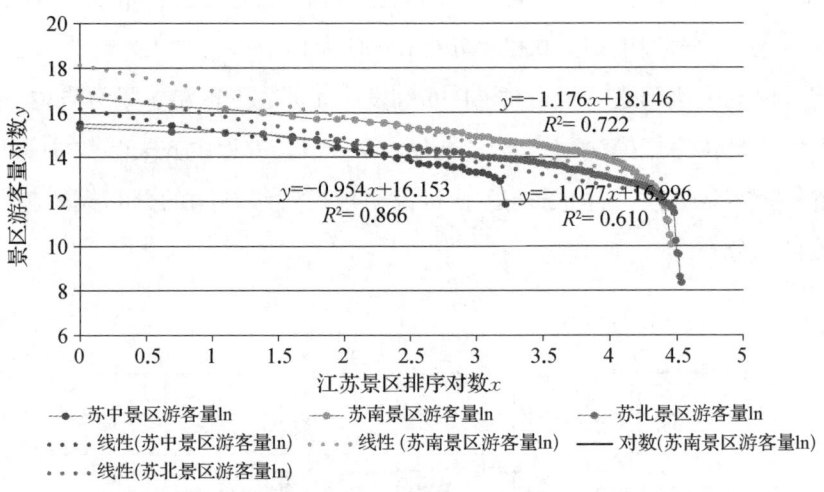

图 4-3　江苏省主要景区游客量分区域位序规模拟合图

4.2　景区旅游流季节性测度

旅游季节性是旅游业和旅游流的基本特征之一,是流动动力的一部分,也是旅游行业发展存在的主要问题之一。旅游流,包括客流量、消费量、交通流、信息流等多种类别,在季节分布上(主要是年内)具有不均衡性,因而有待于更加细致地定量描述旅游需求和行为随时间变化的特征。常用的旅游季节性测度指标有季节性变异系数(Coefficient of Seasonal Variation, CSV)、基尼系数(Gini Coefficient, G)、泰尔系数(Theil's Entropy Measure, T)、季节性比率(Seasonality Ratio, SR)等[229,230]。

旅游季节性研究多针对某一具体旅游城市或景区的时间特征进行案例分析,普适应用价值不高,对旅游季节性的认知仍然是不全面、不完善的,这主要受限于大规模客流数据的获取。景区季节性的对比研究在之前受数据所限均在2—3个某类景区[177,231],本次基于智慧平台长期稳定监测的客流时间序列,采用基尼系数、季节性比率、变异系数等指标对省域层面各类景区的旅游季节性进行测度,然后采用基于DTW的时序聚类方法聚类景区不同季节性类型(图4-4)。有23个景区缺失部分月份客流量,在季节性分析中使用179个景区的全年分月数据完整。

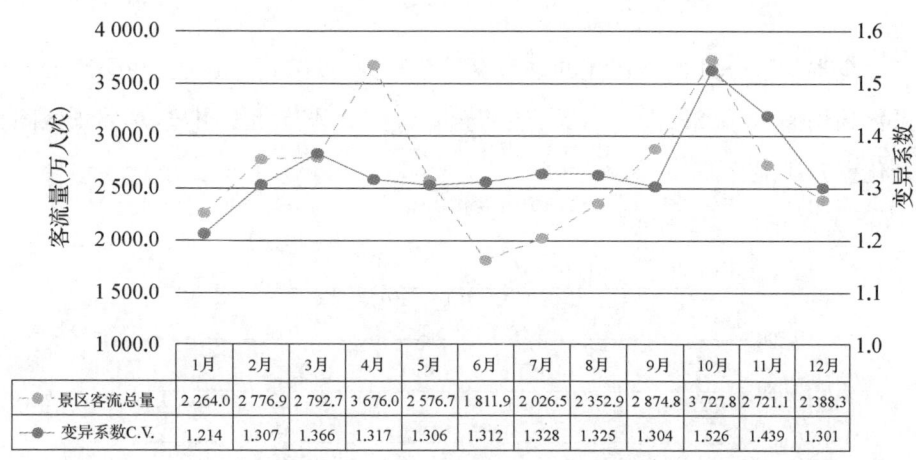

图4-4 江苏景区客流变异系数月度变化

季节变异系数CSV基于标准差方法设计,计算该年各月度季节指数的标准差即得到季节差异系数。由于"月"的尺度是国内外学者在分析季节性时最常用的,实践价值较高,故仅选择"月"的尺度,即$n=12$进行研究。如图4-5所示,2017年内每月变异系数均大于1,分布差异明显,在3月与10

月大于年平均值 1.330；与实际游客量的变化对比可以发现，4 月虽然是旅游旺季，但景区客流均衡性不同。3 月出游江南的季节性，与 10 月的国庆黄金周导致部分区域或者核心景区游客量集中。

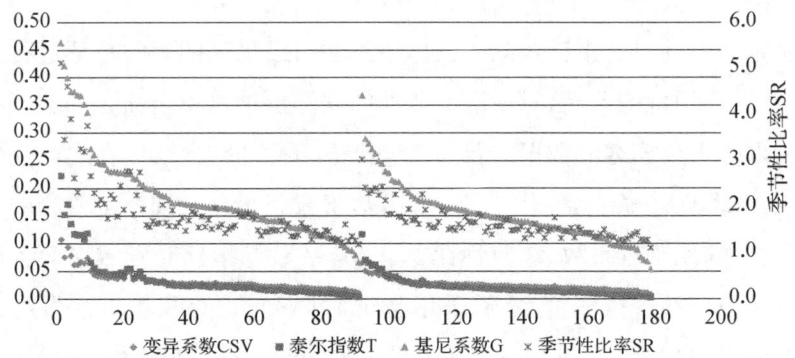

分区段：1) 景区年客流量为 0—100 万人次；2) 景区年客流量为超过 100 万人次

图 4-5 景区季节性指标的分量级序列差异（按基尼系数）

全省景区分月整体客流的季节变异系数为 0.101，各景区自身季节变异系数的均值为 0.029（图 4-6）。表明全省整体的季节性不明显，具体景区间分化差异明显。

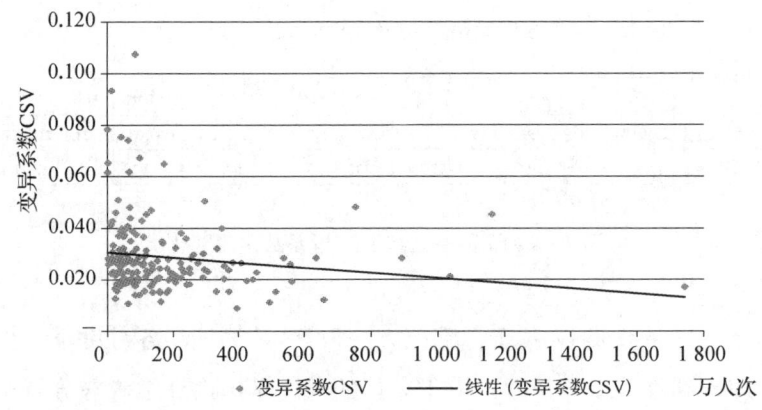

图 4-6 景区季节变异系数与年客流量散点图

景区年客流量规模与季节性之间存在一定关联,客流量越大,其季节波动越平稳。旅游的特性存在,仍然会有部分景区(如沙家浜虞山尚湖、鼋头渚等)的全年客流量很大,而季节性仍然特别明显。将景区按接待年客流量规模分为0—100万人次和100万人次以上两组(图4-5),分别按基尼系数排序,游客量少的景区组季节波动性更大,组内差异更大。同时,可以发现,4种季节性指标趋势基本一致,与Karamustafa和Ulama对土耳其旅游季节性进行测度中发现的各方法没有优劣之分的结论一致[232],仅季节性比率SR在局部不如另三种指标的趋势明显。其中,基尼系数数值间差异大,区分度更好,是测度景区季节性的优选指标。

分景区类型进行对比(图4-7),自然景观类景区的季节性较强且差异极大,对应基尼系数基本成直线下降趋势。历史文化类景区间差异虽然也大,但内部差异不大,趋势平缓,红色旅游作为历史文化的特殊类型,季节性不强。主题游乐类景区虽然类型差异较大,但总体季节性不强。

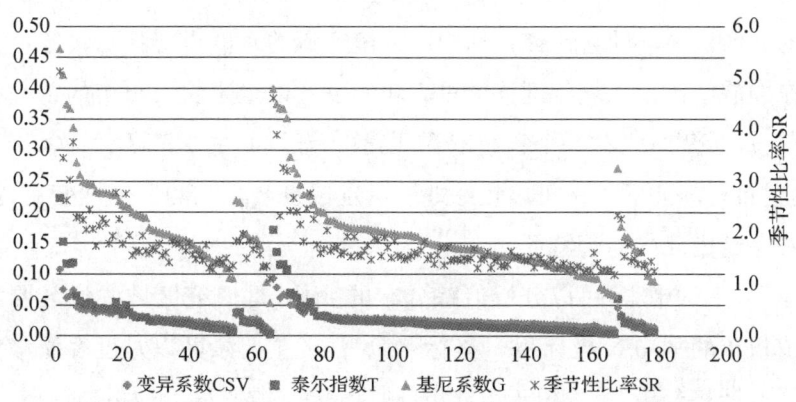

分区段:1)自然景观;2)主题游乐;3)历史文化;4)红色旅游

图4-7 景区季节性指标的分产品类型序列差异

分区域来看(图4-8),苏北约1/4景区的季节性较强,但三区域的主要景区其季节性比率在1—2之间,差异不大。

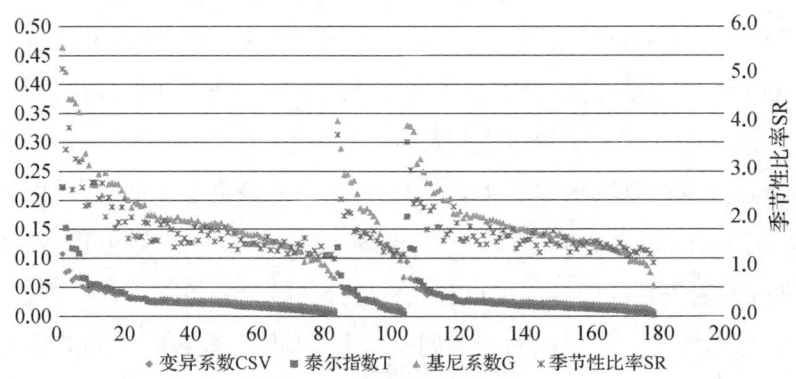

分区段:1) 苏北;2) 苏中;3) 苏南

图 4-8 景区季节性指标的分区域序列差异

4.2.1 区域旅游流重心轨迹季节演化

重心模型源自物理学,是研究区域里流动要素空间变动过程的重要工具。对旅游流重心轨迹研究包括中国入境客流的月度重心移动轨迹[233],中国—东盟旅游流出入境年度移动重心轨迹以及以全国农民出游的重心移动距离与方向等[234]。在一个省域范围,以散布全域的主要景区分月客流为权重,通过重心轨迹的方法可以较好地展示省域景区客流的季节性变化,特别是江苏跨越南北的地理特征。

重心(平均中心)可以分析追踪分布的变化,是研究区域中景区要素基于客流权重的平均 X 坐标和 Y 坐标[234]。江苏主要景区以月度客流量为权重的重心迁移分析,重心位于镇江市(图 4-9)。重心移动的距离较小,南北与东西仅在约 10 km 的范围移动,表明江苏南部客流总体上保持稳定优势。全年整体在西北—东南方向随季节迁移,12 月—4 月重心偏北,5—11 月重心偏南(除 9 月外)。2 月起重心逐渐南移,至 8 月最南,在 3 月至 4 月间有明显的东向迁移;10 月黄金周带动的旺季,将重心向南迁移,随冬季来临,逐渐北移;9 月为淡季,整体偏北,较为均衡。

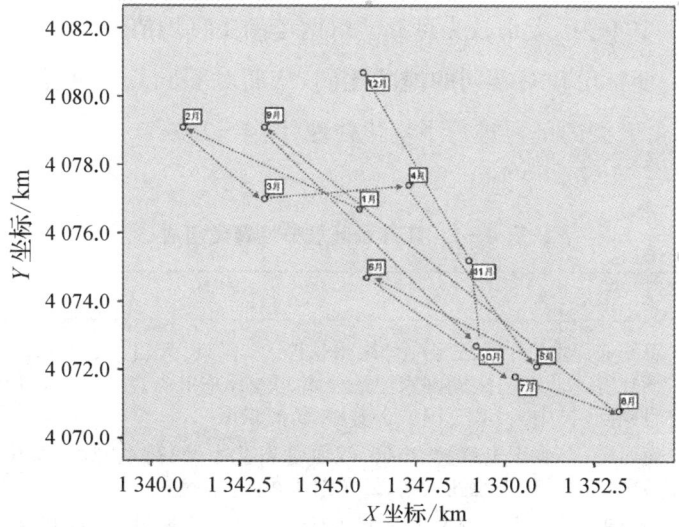

注：X,Y 坐标基于 GCS_Beijing_1954 坐标。

图 4-9 江苏主要景区月度客流量重心迁移

4.2.2 景区旅游流时间序列聚类

季节性的存在是旅游景区类型和市场互动形成的旅游产品特性，旺季拥挤和淡季收入问题也给旅游目的地和企业经营管理带来了巨大的考验。对景区客流的季节性的量化和分类研究，有利于全局管理者把握管理和分季节营销重点。

处理时间距离的相似性，欧氏距离方法存在拉伸和压缩等缺陷问题。为提升有关时间序列的相似性度量问题，Berndt 和 Clifford 将动态时间规整（Dynamic Time Warping，DTW）算法应用于时间序列的聚类挖掘[235]。针对 2016—2017 年月度数据完整的 68 个景区，本书基于动态时间规整算法进行景区每月游客量的时间序列特征进行聚类[236,237]，选择相对均衡的聚为 5 类。全省范围的景区呈现出 5 类季节性模式：① 冬淡暑旺类；② 春主秋辅类；③ 秋主春辅类（增长型）；④ 秋主春辅型（稳定型）；⑤ 季节稳定类。③与④的区别在于，虽然季节波动类似，但③类各景区的游客量是长期增长的。具体景区分类情况如表 4-1,以①类示例两年间具体景区的波动变化(图 4-10)显示类别较为可靠。以两年的 1 月均值设为基准期,其他月份取值为后期月份较基准期的增减比例,从而对不同景区数据进行去量纲化处理,每个聚类内部再进行平均化处理(图 4-11)。

表 4-1　江苏景区季节性聚类组成

聚类	景区名称
1	总统府、周庄古镇、云台山、徐州乐园、珍珠泉、天目湖、狮子林、环球动漫嬉戏谷、拙政园、太湖国家湿地公园、灵山、花果山、洪泽湖湿地公园、常州恐龙园、吴中太湖、三国城水浒城、竹海景区
2	瘦西湖、李中水上森林、个园、汉画像石艺术馆、荷兰花海、茱萸湾风景名胜区、鼋头渚、天德湖景区、云龙湖风景区、玄武湖
3	周恩来故里、潘安湖湿地公园、留园、中华麋鹿园、同里古镇、沙家浜虞山尚湖、句容茅山、金山焦山北固山、红山森林动物园、南通濠河景区、泰州溱湖、甪直古镇、寒山寺、宝华山国家森林公园
4	窑湾古镇、狼山风景区、中山陵、重元寺、云湖、艾山九龙景区、龙背山森林公园、贾汪督公湖景区、虎丘
5	雨花台、新沂市马陵山景区、南京大屠杀遇难同胞纪念馆、徐州博物馆、睢宁水月禅寺、苏州乐园、彭祖园、蟠桃佛教文化景区、淮海战役纪念塔、第一山、阅江楼、木渎古镇、龟山景区、大洞山景区、微山湖千岛湿地景区、汉文化景区、夫子庙、苏州金鸡湖

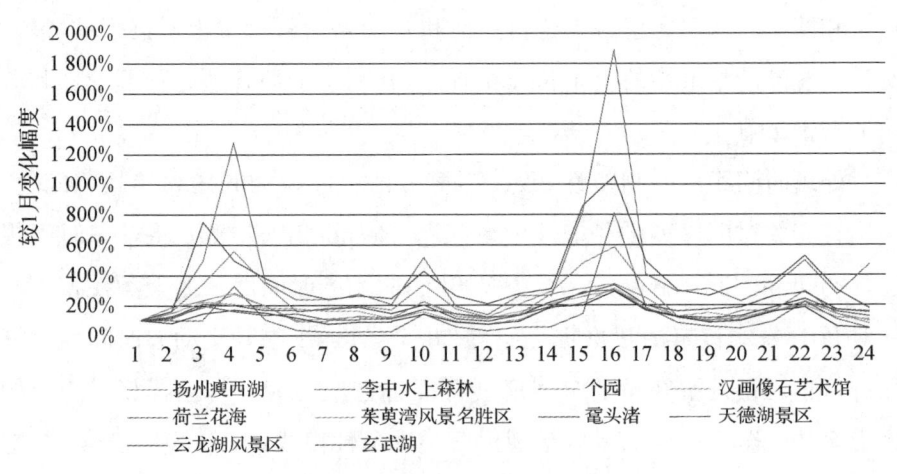

图 4-10　江苏春季秋辅类景区季节聚类客流波动

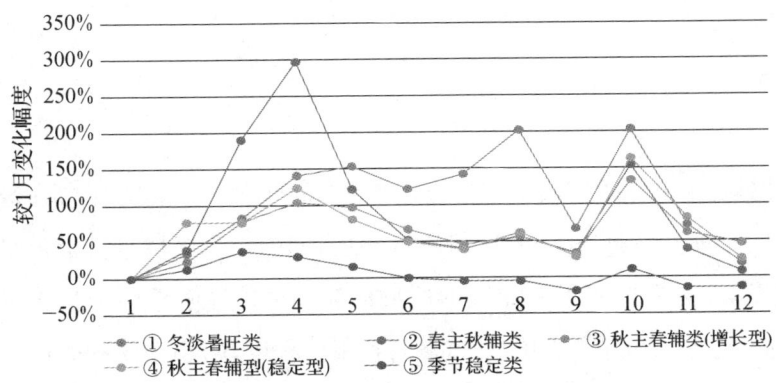

图 4-11 江苏景区季节性聚类

类别②的季节波动最大;类别⑤的波动变化最小,主要是室内博览馆或者人文类景区。季节波动与景区类型有较大关系,如主题公园。传统知名景区往往比较稳定。自然风景类,如赏花为主会受季节影响较大。受春节返乡后出游的影响,江北的部分景区会有所提高。

4.3 景区旅游流省域空间格局

旅游景区空间结构是指区域内景区在空间中的相互吸引和扩散形成的空间聚集特征,代表多目的地间的空间属性和交互关系。从旅游流的目的地供给看,江苏省旅游景区建设步伐逐步成熟,4A 级及以上景区 204 个,密度达到 63.7 个/万 km^2。旅游 2A 级以上景区 683 个(截至 2017 年),江苏省高等级景区分布呈现出高密度的基本特征,因此有必要分析省域目的地中景区的点要素空间分异。

除均衡度等指数分析方法外,还可以采用最近邻指数工具测算景区间空间距离,并评估其不均衡分布特征。点状要素一般有随机分布、均匀分布和集聚分布等空间分布类型,首先可以使用最邻近距离方法进行简单测算。最邻近分析表示区域中点的实际分布相对于理论随机分布的地理空间差异分析。

$$R_e = \frac{1}{2\sqrt{\dfrac{n}{S}}} = \frac{1}{2\sqrt{D}} \quad (4-3)$$

$$R = \frac{R_i}{R_e} \quad (4-4)$$

计算各个节点距离其最邻近节点的平均值 R_i，即实际最近邻距离。使用 R_e 表示理论距离，S 表示所研究区域的面积，n 为区域景区数。最近邻指数 R 为实际最近邻距离除以理论最近邻距离。旅游景区通过最近邻指数 R 便于量化要素在空间的分布格局和集聚程度，R 小于 1 即表明有集聚分布趋势，趋近于 0 时表示完全集中[54]。

测算得到理论最近邻距离 $R_e = 11\,903.2$ m，实际最近邻距离 $R_i = 7\,243.1$ m，最近邻指数 R 为 0.609（Z-score$=-10.697$，$p = 0.000$），4A 级以上景区在江苏省域尺度上呈集聚型分布。

采用核密度估算（kernel density estination，KDE）计算要素在其周围领域中的密度。在区域尺度上，对全省旅游景区分布和基于省外客流量为权重进行核密度分析，选择搜索距离为 60 km，分别生成密度分布图。从图 4-12 可以看出，与景区分布不同，从客流角度分析，南京与苏州形成两大高密度区。客流次密度区为镇江扬州、徐州、宜溧山地，景区数量较多的淮安接待客流量略少。

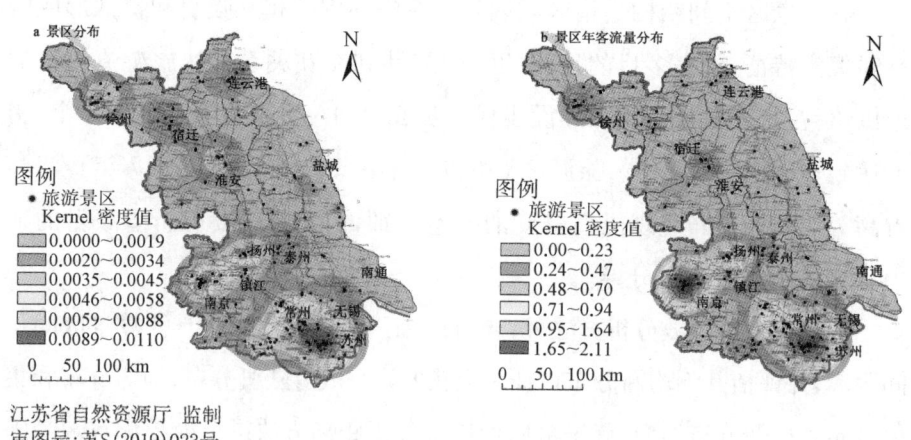

图 4-12　江苏主要景区布局及其年客流量的核密度分布

4.3.1 分城市客流分布差异分析

为了定量分析省域内超过 200 家高等级旅游景区的空间布局差异和旅游流差异,我们采用变异系数和叠加地区生产总值的均衡比指数为主进行表征。

变异系数(Coefficient of Variation),即样本均方差与均值的比值,其值越接近于 0,分布越均衡。变异系数可以消除测量尺度和量纲的影响,是平均数与标准差的比值,通常用于分析样本在某项指标的分布差异程度。CV 值越大,表明区域内要素的空间差异越大,计算公式为:

$$CV = \frac{\sqrt{\frac{(x_i - \bar{x})^2}{n}}}{\bar{x}} \quad (4-5)$$

式(4-5)中,CV 表示变异系数,x_i 表示景区 i 的客流量($i=1,2,3,\ldots,n$),$\bar{x}$ 表示景区评价客流量,n 表示景区数量。

均衡度表示占比的均衡情况,公式为:

$$E = \sum_{i=1}^{n} h_i \frac{\log_2 h_i}{\log_2 (1/n)} \quad (4-6)$$

式(4-6)中:h_i 为景区数或客流量在第 i 行政区内分布数量占比;n 为城市的个数。E 越接近于 1,表明景区的空间分布越均衡。

要考虑省域各城市本身在面积、人口、经济等方面的固有差异对均衡度的影响,更好地反映江苏分市旅游景区空间分布。考虑城市地区生产总值因素构建均衡比指数[50],计算各城市经济条件下的空间分布均衡情况,其具体的计算公式为:

$$ER = \sum_{j=1}^{n} |R_i| = \sum_{j=1}^{n} \left| \log_2 \left(\frac{f_i}{F} \Big/ \frac{A_i}{A} \right) \right| \quad (4-7)$$

式(4-7)中:ER 为均衡比指数;R_i 为景区数或客流量在第 i 行政区内的均衡比;f_i 为景区或景区客流量在各城市的数量;F 为全省景区数或客流总量;A_i 为第 i 行政区内的面积、人口或经济指标(本书仅选择经济指标,即城市地区生产总值);A 为全省总面积、总人口或者经济总量;n 为行政区总个数。

江苏省 4A 级及以上景区分布在各城市数量上的变异系数最小(表4-2),为 0.698,说明高等级景区在各市分布是相对均衡的。从客流量角度看,各城市变异系数升至 0.905;从均衡度系数上来看也可以得出相同的结论,景区数量的均衡度系数为 0.929,高于景区客流量的均衡度(0.876),数量分布比游客量的分布更为均衡,接待省内游客量区域分布差异明显。

表 4-2 江苏分城市景区数及接待客流量均衡性分析

城市名称	景区数	客流量(万人次)	省外客流量	省内客流量
镇江	8	1 579.3	1 070.4	508.9
扬州	10	2 087.5	1 360.8	726.7
盐城	12	533.3	393.5	139.9
徐州	19	2 207.8	1 470.6	737.2
宿迁	9	552.0	410.3	141.7
无锡	30	3 359.3	2 013.7	1 345.7
泰州	9	2 956.3	1 896.4	1 059.8
苏州	45	8 870.0	5 720.5	3 749.5
南通	6	864.0	639.2	224.8
南京	21	6 525.0	3 290.8	3 234.1
连云港	12	837.9	625.4	212.5
淮安	12	2 144.0	1 554.8	589.2
常州	11	2 560.5	1 832.3	728.3
标准差	10.957	2 432.194	1 328.391	1 126.891
均值	15.692	2 646.581	1 638.459	1 008.123
分城市变异系数	0.698	0.919	0.811	1.118
分城市均衡度	0.929	0.876	0.894	0.818

景区层面,全省景区的变异系数为 1.330,接待省外客流量较省内游客量略为均衡(表 4-3)。景区间游客量变异系数全省层面差异最大,而分区域内有所缓解,苏中地区以 0.888 为最低。景区接待省外客流量之间的差异小于其省内客流量。

表 4-3　景区客流量分区域变异系数

变异系数 CV	景区游客量	景区省外游客量	景区省内游客量
苏南景区间	1.211	1.126	1.504
苏中景区间	0.888	0.872	1.099
苏北景区间	0.992	0.930	1.434
全省景区间	1.330	1.165	1.779

利用手机信令在客源统计上的便利性，区分为省内与省外客源，进而对均衡比系数进行分解（图4-13），避免了仅从单一的均衡比系数入手很难发现各个市之间的差异，有利于分析各个市不同客源对均衡比的贡献程度，分析各个市景点分布的协调情况。

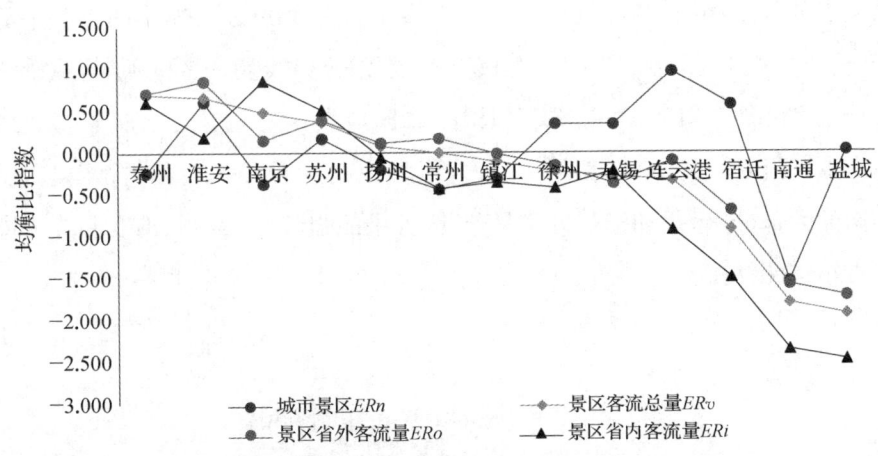

图 4-13　城市景区数量及其客流量均衡比系数的市域差异

能够体现旅游行业与一般行业区别的是，旅游景区分布和经济存在一定的关系，但在 4A 级景区创建层面，其城市分布并不一定也与经济水平关系一致，而往往有较强的行政均衡调节，但接待客流量层面则不均衡性较为明显。有 7 个城市的景区数量在与经济的比较中占有优势，其中城市景区数量均衡比 ERn 系数最大的是连云港，为 0.963，其次是淮安、宿迁，系数分别为 0.659、0.563，均为苏北城市，表明其在景区建设上的积极性较高；而在以景区接待客流量计算的经济均衡比系数 ER_v 中,有 5 个市的系数大于 0,最高的泰州,为 0.694;淮安、南京、苏州、扬州的景区有一定优势;连云港、宿迁、南通、盐城四市的接待外来游客量与其经济体量不相称,景区接待客流的影响力较弱。

4.3.2 省域目的地竞争格局特征

对江苏省内高等级的旅游景区角度而言,合作与竞争关系并存。从目的地等级和竞争角度分析,客流量越大,其空间吸引力越大,景区辐射影响范围就应越大[39]。Voronoi 图(简称 V 图)是描述空间邻近关系的一种数据结构[238,239],泰森多边形可以被用来表达各点与邻近点的空间相邻关系。常规 V 图中各景区的影响力相同,与实际并不相符。而使用乘法加权 V 图(Multiplicatively Weighted Voronoi Diagram,MWVD)描述[240],如果两个景区点的权重相同,其影响范围的分界线是这两个景区点连线的垂直平分线,构成常规 V 图(图 4-14);若权重不同,则分界线是一个圆弧,构成乘法加权 V 图(图 4-15)。在加权 V 图中,景区节点客流量越大,整个区域内的所有点,受该生成元影响都越大[241]。以城市角度看,南京、苏州、无锡占据苏南的大部分,徐州和扬州分别是苏北、苏中的强势区,泰州、淮安和连云港能在小范围维持自己的核心区。

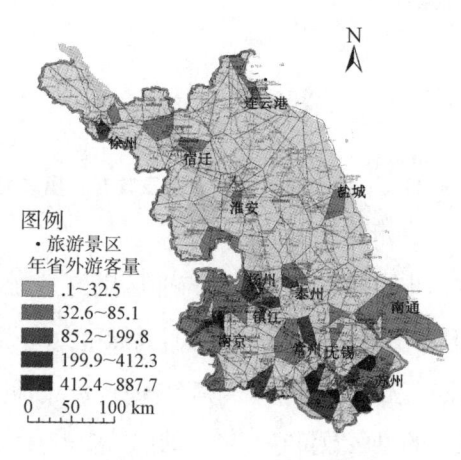

江苏省自然资源厅 监制
审图号:苏S(2019)023号

图 4-14 基于年客流量分级的江苏主要景区影响范围 Voronoi 图

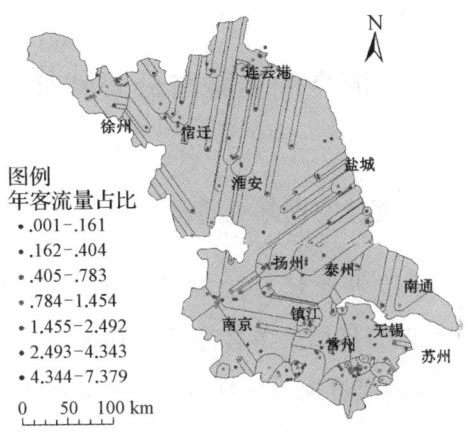

江苏省自然资源厅 监制
审图号：苏S(2019)023号

图 4-15 基于年客流量占比加权 Voronoi 图的江苏主要景区影响范围

基于多目的地客流加权的 V 图（图 4-16），较年客流量中更为极化，南京的景区占据主导地位。常州及苏中苏北的广大范围被南京、扬州各景区占据，显示出其在多目的地旅游上较强的影响力；苏州、无锡能维持本市范围，与南通形成环绕上海的格局。

江苏省自然资源厅 监制
审图号：苏S(2019)023号

图 4-16 基于多目的地客流加权 Voronoi 图的江苏主要景区影响范围

4.4 旅游流空间集聚与分异特征

4.4.1 旅游流空间集聚特征

在变异系数等统计方法的基础上，采用探索性空间数据分析方法（ESDA）对江苏省区域旅游客流差异和客源特征进行系统性研究。研究目的主要为从空间尺度探索区域客流差异及其空间依赖性。

1. 景区旅游流空间关联格局

选择景区接待的总体、省外客流量以及抽样中多目的地旅游流中各景区客流量作为空间自相关的客流变量（表4-4）。年总客流的全局 Moran's I 为 0.065，z 值为 3.644，呈现一定的空间集聚性；多目的地客流的 Moran's I 升高到 0.126。

表4-4 江苏主要景区不同口径旅游流的空间自相关性

	Moran's I	预期指数	z 得分	p 值
景区年客流（总量）	0.065	−0.005	3.644	0.000
景区年客流（省外）	0.088	−0.005	4.910	0.000
景区省外客流总量（抽样）	0.123	−0.005	6.988	0.000
单目的地（抽样）	0.054	−0.005	3.503	0.000
多目的地（抽样）	0.126	−0.005	6.845	0.000

2. 旅游流的客源地偏好空间分异

对比主要景区年客流量分省内外的核密度分布（图4-17a,b），可以发现，省内游客的活动扩散范围更广，在扬州、徐州形成了次级中心，在淮安、泰州、南通和宜溧山地区有旅游热点区域。将抽样的多目的地游客与单目的地省外游客的分布进行对比（图4-18a,b），单目的地游客的分布与省内游客分布相似，但在淮安未形成热点；多目的地省外游客的空间分布与全年省外客流情况类似，但范围更加集中，也未在徐州形成热点。

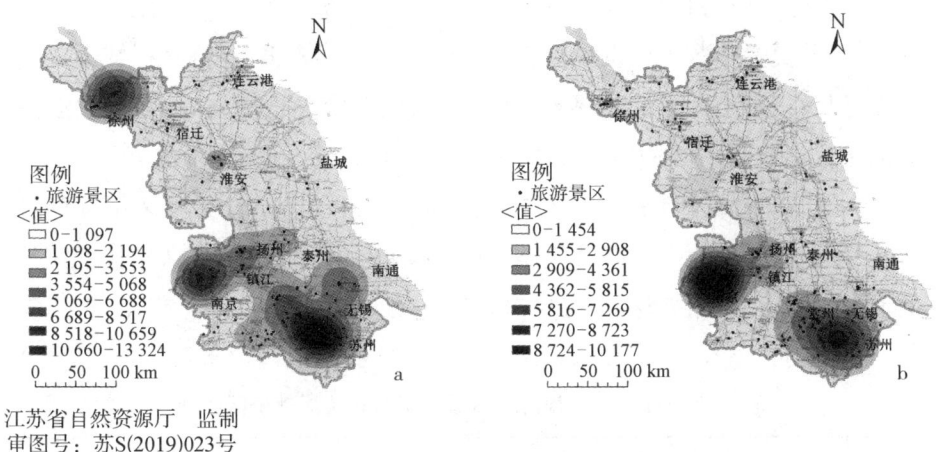

图 4-17 江苏主要景区年客流量分省内外的核密度分布

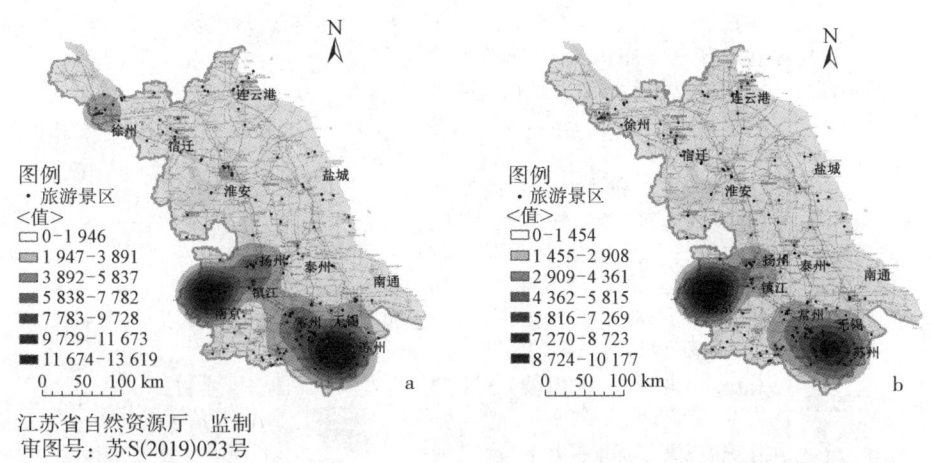

图 4-18 江苏主要景区单目的地与多目的线路地游客量分布的核密度分布

使用高/低聚类(Getis-Ord General G)统计分析可度量全局层面的高值或低值的聚类程度[242]，得到江苏景区接待省外客流的 General G 值为 0.199，高于总体客流分布的 0.167(表 4-5)，多目的地游线到访景区客流量的集聚程度最高，达到 0.262。

为衡量空间地理要素的局部依赖性，主要使用局部莫兰指数(Anselin

Local Moran's I)和热点分析 Gi*指数(Getis-Ord Gi*)两种方法分析[243]。其中,局部莫兰指数可以发现具有统计学意义的异常值,即高—低或低—高异常,以及识别空间上的冷热点。因此,在核密度分析的基础上,我们选择局部莫兰指数分析不同口径下景区客流量的局部空间自相关。结果表明(表4-5),高—高聚类的景区分布在南京、苏州和扬州的主城区域部分景区,未发现低—低聚类。高—低异常景区仅鼋头渚一家;低—高异常景区是南京的阅江楼、阳山碑材、汤山紫清湖等三家。

表4-5 江苏主要景区旅游流局部自相关显著景区统计

不同口径	高—高聚类	高—低异常	低—高异常	General G
景区年客流（总量）	总统府、夫子庙、中山陵、南京博物院、朝天宫、玄武湖、山塘街、同里古镇		阅江楼、阳山碑材、汤山紫清湖	0.167*
景区年客流（省外）	总统府、夫子庙、中山陵、南京博物院、朝天宫、玄武湖、山塘街、同里古镇、雨花台、周庄古镇、吴中太湖旅游区	鼋头渚		0.199**
抽样景区总客流量	总统府、夫子庙、中山陵、南京博物院、朝天宫、玄武湖、山塘街、同里古镇、雨花台、吴中太湖旅游区、个园、何园、西园戒幢律寺、拙政园、狮子林、平江历史街区、山塘街、南京科技馆、梅园新村			0.230***
单目的地	总统府、夫子庙、中山陵、南京博物院、朝天宫、玄武湖		阳山碑材、汤山紫清湖	0.184*
多目的地	总统府、夫子庙、中山陵、南京博物院、朝天宫、玄武湖、山塘街、同里古镇、雨花台、周庄古镇、吴中太湖旅游区、个园、何园、苏州西山、梅园新村		阳山碑材	0.262***

注:*** 为0.001显著性水平;** 为0.01显著性水平;* 为0.05显著性水平。

4.4.2 旅游流的增量空间自相关分析

要研究景区旅游流的空间分布热点以及聚集度情况,并且以客流量作为景区聚类属性约束，需要使用增量。增量空间自相关根据逐渐增加的窗口距离，运行空间自相关（全局 Moran's I）工具测度要素的空间聚类程度。通过各种距离的迭代运算，对比估计值，最后给出核密度等工具距离尺度的建议。聚类的程度由返回的 Z 得分确定，Z 得分代表标准差倍数，用以反映数据的空间集聚效果，可以用以景观格局的适宜幅度等空间距离问题的探索分析[244]。不同距离极值（Peaks）对应核密度曲线值变异的关键拐点。在旅游流分析中，从旅游流整体的空间相关关系角度，可以借助增量空间自相关方法分析旅游流的分距离集聚效应，对比分析不同客源的入游流或不同区域内流动模式的空间交互的整体特征。

设置 20 个窗口增量距离，默认的邻域搜索阈值为 41.4 km。分别对景区年客流量（分为省内、省外游客）以及抽样的客流量（分为单目的地和多目的地游客）进行计算分析（图 4-19）。全面 Moran's I 均大于 0，且显著，而反映入游流集聚程度的 Z 值随距离变化，即表现为不同的空间集聚特征。

将所得结果按照 Z 值汇总（图 4-20），对比不同客源或出游模式的游客的出游空间性差异。大致分为两种模式：一种以多目的地客流为代表，空间相关性在近距离达到极值，中距离稳定，远距离迅速下降。与抽样总客流类似，在 74.6 km 处呈现相关性极值，在 107.8 km 之后迅速降低，对应约 1 小时交通出行距离。一种是省外客源地游客和抽样的单目的地游客，与整体游客类似，空间自相关在 52—58 km、74.6 km 有近距离的阶段高值，稳定提高，在中远距离区段（124.5 km）达到极值。此后的多种旅游流的空间自相关性基本趋同。说明不同客源地和不同旅游线路模式在江苏省内的旅游流扩散空间范围各有差异，在区域内目的地选择方面存在不同空间阈值。

多目的地旅游流空间交互的最高 Z 值对应距离为 74.6 km，在第一个极值为 52.6 km 前后的变化不大，达到最高值后逐渐回落。表明多目的地旅游流适宜距离阈值，与整体旅游客流量在 100 km 内的强相关距离大体一致，在 100 km 以外衰减更快，到 125 km 之后各类客流的 Z 值趋于一致。

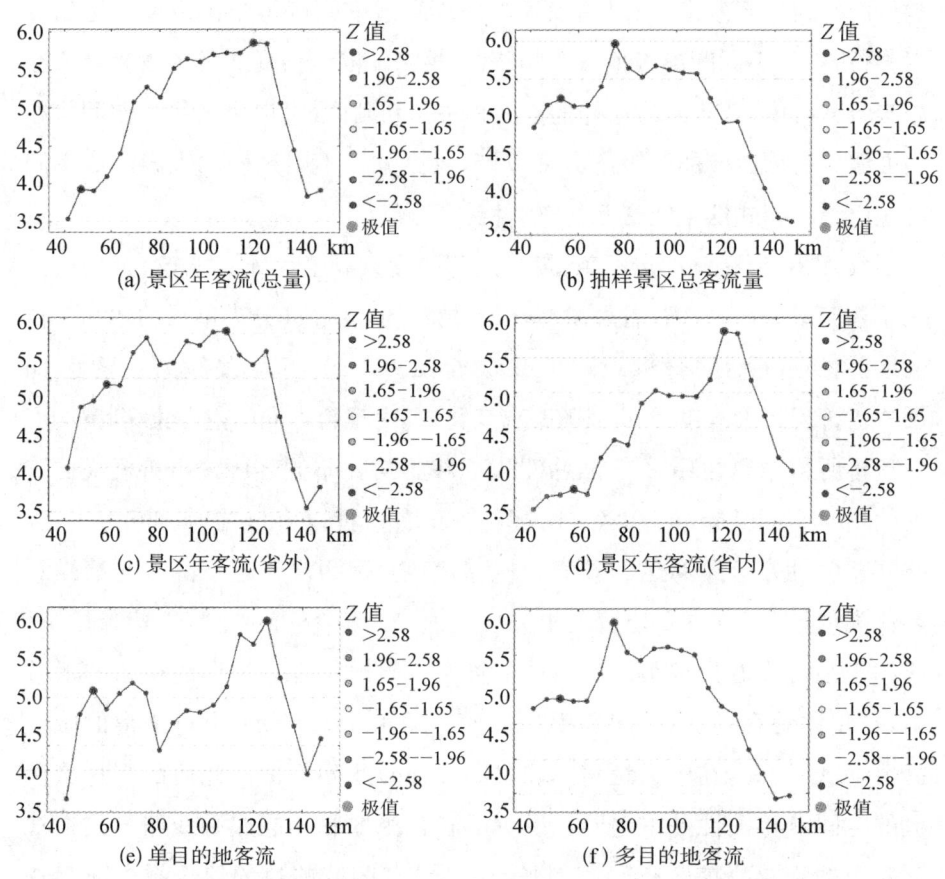

图 4-19 景区游客量分布增量空间自相关格局

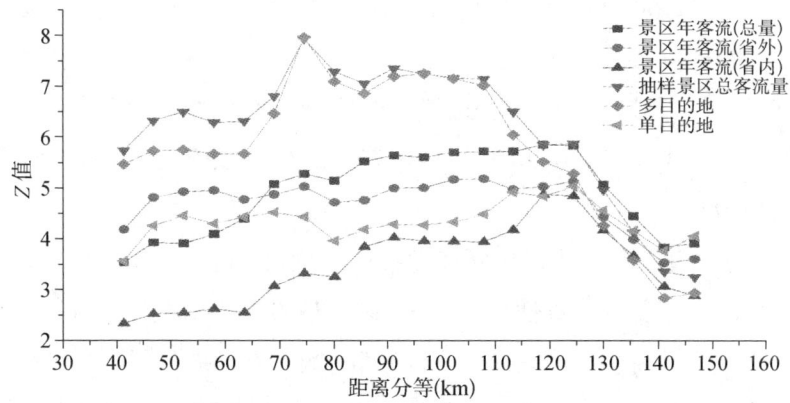

图4-20 景区客流量分布增量空间自相关格局模式汇总

4.5 景区客流规模的影响因素分析

景区客流的影响因素可分为景区属性条件和区域基础环境两种[245]。景区属性方面,选择景区门票价格(其中,收费景区共131家,均值为51.4元)、景区等级(5A与4A级)、景区类型、景区品质和景区季节波动(采用基尼系数G)。景区品质指标采用携程网的满意度点评分(均值为4.5)和点评量(均值为1 588.4),先分别按百分制标准化,再按各70%和30%的权重进行加成作为满意度指数(均值63.4)。

根据景区资源特性和细分市场,参考已有研究,把江苏4A级及以上景区细分为自然景观(42家)、历史文化(98家)、红色旅游(12家)、主题娱乐(20家)、休闲度假(9家)等5种类型。所在城市对景区客流的影响巨大,因此区域基础环境方面选择了景区所在13个城市及其经济规模(2017年各城市GDP均值为6 780.4亿元),以及城市内交通区位三个指标。城市内交通区位采用景区与市中心距离(均值为25.5 km)。处理三种游客量(省内客流lninn、省外客流lnout、总客流lntotal)与城市经济规模、门票价格、市中心距离为对数形式(门票价格存在较多免费的0值,采用加1后取对数处理),即为 lnGDP、lnpri、lndis。在模型中设置景区等级(level)为有序标度级别(4A 为 0,5A 为 1),景区类型(type)和所在城市(city)为名义标度级别,其他为数字标度级别。而在多元线性回归中,对非有序类型变量需引入多个哑变量,无法判断该因素影响程度,根据研究设计要求进行简化,将 5A 等级赋值为 1,自然类型赋值为 1,位于江南的景区赋值为 1,相应属性的其他值均设为 0。

首先进行多元线性回归,分别对景区省内外游客的拟合结果显示(表 4-6),各因素间多重共线性较弱(VIF 统计值在 1.1—2.5 之间),3 个模型的拟合度一般,调整后 R^2 在省外游客模型中略高(0.300)。其中,景区等级、季节基尼系数与市中心距离三个因素对三种景区客流量有显著影响,而省外游客还受满意度指数和景区所在地经济发展水平的显著影响。

表 4-6　景区客流规模影响因素的线性回归分析结果

变量	省内客流		省外客流		总客流	
	标准化系数	t	标准化系数	t	标准化系数	t
门票价格	−0.063	−0.872	−0.040	−0.591	−0.059	−0.849
等级	0.283***	3.468	0.333***	4.370	0.308***	3.889
自然类型	−0.114	−1.564	−0.112	−1.651	−0.108	−1.530
季节基尼系数	−0.287***	−4.132	−0.178***	−2.744	−0.255***	−3.785
满意度指数	0.015	0.168	0.147*	1.785	0.097	1.005
市中心距离	−0.192**	−2.530	−0.201**	−2.843	−0.196**	−2.668
城市经济规模	0.096	0.912	0.183*	1.874	0.131	1.290
江南城市	−0.044	−0.421	−0.018	−0.186	−0.038	−0.371
R^2	0.231		0.331		0.277	
调整后的 R^2	0.195		0.300		0.244	
F	6.463		10.650		8.248	
显著性	0.000		0.000		0.000	

注:***,**,* 分别代表 0.01,0.05,0.1 水平下显著

然后,基于最优标度回归分析方法对景区客流量的影响因素进行估计,模型拟合优度分别达到 34.7%、45.9% 和 41.3%,对景区省外客流规模的解释力较高(表 4-7)。模型显著水平较高,方差分析显示均在 0.001 水平下

显著。相比 OLS 回归模型，CATREG 模型调整后的 R^2 亦均有所提高，而且有效识别了景区类型和所在城市两个多类型变量的显著影响。CATREG 模型估计结果表明，景区客流规模受景区等级、类型、季节性和所在城市的显著影响，季节波动明显和距离市中心较远两因素对客流规模有较强的负向影响。省内外不同客源地游客有所不同，景区所在城市经济规模在对省内游客的影响方面不显著，却受季节性波动影响显著，而省外游客反之。

表 4-7 景区客流规模影响因素的最优标度回归分析结果

变量	省内客流			省外客流			总客流		
	标准化系数	F	重要性	标准化系数	F	重要性	标准化系数	F	重要性
门票价格	-.065	.249	.010	.110	.676	.043	.099	.583	.030
等级	.295***	12.799	.260	.278***	9.439	.264	.338***	13.824	.321
类型	.112***	3.792	-.003	.148***	7.881	.010	.114***	4.569	.001
季节基尼系数	-.190***	5.925	.150	-.096	.738	.038	-.175***	5.108	.101
满意度指数	-.121	1.374	-.016	.119	.494	.100	-.145	.794	-.011
市中心距离	-.259***	12.271	.243	-.247***	12.178	.178	-.279***	14.105	.228
城市经济规模	.327	1.305	.102	.598**	4.588	.267	.493*	2.389	.170
所在城市	.356***	4.838	.253	.550***	7.186	.098	.471***	4.868	.158
R^2	.347			.459			.413		
调整后的 R^2	.221			.363			.309		
F	2.763			4.805			3.987		
显著性	.000			.000			.000		

注：***，**，* 分别代表 0.01, 0.05, 0.1 水平下显著

CATREG 模型结果进一步提供了各因素重要性指标，体现的是自变量在模型中的影响重要程度的百分比。影响总体客流各因素的重要性依次为景区等级、市中心距离、所在城市经济发展水平和所在城市。对比可以发现，对于省内游客而言，景区等级与市中心距离的区位因素无论在系数（0.295 和 -0.259）还是重要性（26.0% 和 24.3%）上都相近，表示 5A 级景区对区位不敏感，往往被游客视作独立的目的地。而且，景区到市中心距离的

远近对于省内游客比对省外游客来说更加重要。

所在城市及其经济水平合计重要性在三个模型中均超过32%,省外游客更加重视景区所在城市发展水平而非具体城市,而省内游客则相反。例如省外游客将苏南或苏锡常往往视为一体,以经济发展水平划分区域并选择景区,而省内游客则有细致的区分,更关注所处具体城市。

季节波动对省内游客呈现显著影响(-0.190),对省外游客不显著,且重要性方面低于省内。表明省内游客对季节波动更为敏感,选择在景区旺季出游,加强了景区的季节性波动,而省外游客出游距离远,在选择目的地时往往选择空间较少,无法顾及景区淡旺季属性。

景区类型影响显著,对省外游客影响略高于省内游客,但重要性均较低,表明游客需求在各个类型之间其实并无根本差异,还是关注其自身而非产品类别的吸引力,同时,省外游客还更加看重景区满意度评价(10.0%)。

4.6 本章小结

本章将江苏省作为区域目的地整体对象,使用变异系数等统计方法和探索性空间数据分析方法,对省域主要旅游景区客流的规模分布、季节特征和空间格局进行了研究,并分客源、分区域、分类别地进行了分析,初步得出以下结论:

(1) 研究以2017年接待客流量数据,了解了江苏省域204家高等级景区的旅游客流位序—规模特征,分析了旅游流规模分布的空间形态及其变化特征。省外客源的旅游流分布较省内客源差异大,更符合首位型特征。景区客流规模在苏北、苏南呈现逐渐强化的不规则帕累托分布,苏北表现出更强的长尾效应,苏中较为均衡。

(2) 结合季节性差异、基尼系数、泰尔系数、季节性比率,对省域景区旅游客流规模的季节差异及特征进行了分析。季节性与长假效应会导致部分区域或核心景区游客量集中。全省客流整体的季节性不明显,具体景区间分化差异明显,游客量少的景区季节波动性更大。

(3) 对江苏主要景区的月度客流量进行重心迁移分析,反映出旅游流在省域内存在时空变化规律。重心移动的距离较小,表明江苏南部客流保持总体上的稳定优势。全年整体在西北—东南方向随季节迁移,2月起重心逐渐南移,至8月达到最南。在3月至4月间有明显的东向迁移,显示泰州里下河地区旅游对整体旅游重心的带动作用;受10月黄金周带动的旺季影响,重心向南迁移,随冬季来临,再逐渐北移。另外,基于动态时间规整法对景区月度游客量的时间序列特征进行聚类,将景区季节模式分成5类。

(4) 城市间景区数量较为均衡,客流量的不均衡性较为明显。引入城市GDP指标的均衡比系数分析了空间分布均衡情况,淮安、南京、苏州、扬州的景区有一定优势;连云港、宿迁、南通、盐城四市的接待外来游客量与其经济体量不相称。基于加权V图的景区等级竞争格局显示,多目的地客流竞争中热门景区较单目的地客流更为极化,南京、扬州景区显示出其在多目的地旅游上较强的影响力。

(5) 不同客源或出游模式的游客在出游偏好地域及距离尺度上存在空间性差异,单目的地游客的分布与省内游客分布相似;多目的地省外游客的空间分布与全年省外客流情况类似,且范围更加集中。根据增量空间自相关分析结果,旅游流空间交互的敏感距离尺度为75 km与125 km。

(6) 景区客流规模受到等级、季节性波动和距市中心直线距离等因素的显著影响。最优尺度回归模型对景区客流影响因素分析上较线性回归有更好的解释水平,景区所在城市和市中心距离对于省内游客而言更为重要,省外游客更加重视景区所在城市发展水平而非具体城市,季节波动较大会负面影响景区接待的省内客流量。

本章梳理了位序规模特征和景区尺度客流的诸多影响因素,引入景区季节性指标,使用两种回归模型分析了景区客流影响因素,有助于丰富旅游流和旅游需求相关的研究,对促进景区效益提高和转型升级有较高实践指导意义。在全域旅游发展背景下,位序规模分布的经典理论仍然对目的地内部等级体系具有较大指导意义,特别是针对目的地的次级区域(苏南、苏中、苏北)和不同客源(省内、省外)的对比分析。为优化目的地内部结构,应促进苏北地区规模大的4A级景区进行5A提升,而对规模较小的景区应主要进行产品和服务升级,并与周边核心景区加强联动。省界毗邻地区的景区,应当重视增强对周边外省客源的吸引力。而且,两种回归模型结果均显示,克服季节因素的不利影响显著有助于提高景区客流接待量,旅游管理和经营者有必要将季节性指数作为目的地运营情况的监测指标,加强淡季旅游产品创新和反季节旅游消费观念引导。同时也要认识到,季节性在某些类型和个别景区属于其固有属性,按季节分配投入营销和管理资源也有利于相应旅游机构的提质增效。

第五章 多目的地旅游流的复杂网络结构

旅游目的地是一个内部各构成要素交互作用的系统,而在网络视角下来看,这种系统中的混乱实质上是目的地内次级区域之间关系的形成和演化,是由一系列旅游节点之间的关系构成的复杂网络结构。旅游流网络结构进一步影响区域旅游产业的发展与旅游区域的空间竞争,因此在发展旅游的过程中需要考虑景区各要素的空间优化配置和旅游景区线路的合理组合等的政策和规划引导。因此,以复杂网络理论和社会网络方法探讨目的地内的特征及动态演化将可能是今后目的地区域内旅游流研究的重点之一。基于大数据的游客在省域多尺度空间中的流动模式分析、流动距离及目的地分析,分析旅游流的时空扩散模式,对于了解游客在旅游地的偏好及出游情况具有关键性作用。对于旅游流的复杂网络结构研究,对旅游线路和旅游流网络中不同城市与景区的网络地位及角色分析,将有助于区域内旅游合作、线路产品开发与营销等。

5.1 多目的地旅游流的移动模式与扩散特征

5.1.1 游客路径轨迹移动模式

在研究期内,脱敏并随机抽取了18.8万人次的外来游客在江苏省内的漫游轨迹,其中共约4.5万人次游览重要景区组合成为游线。以7天为判定周期,获取游客在此周期内的具体景区序列,在此组合中存在次第关系即被认为存在关联,最后汇总得到有向关联矩阵[246,247]。筛选之后共有195个景区纳入旅游流动网络中,汇总得到超过 12 万人次。客流量最高的路线为拙政园与狮子林之间(5 677 人次)和夫子庙与钟山风景区之间(3 965 人次)。同时,根据此数据也可以汇总对比各月的游客景区间流动的模式类型差异[188]。

表 5-1 游客景区路径轨迹移动模式

游览景区数量	3 月	4 月	5 月	游客占比
1	48 674	51 990	42 198	76.0%
2	8 379	12 208	8 137	15.3%
3—4	3 597	6 688	3 161	7.2%
5 及以上	765	1 275	812	1.5%
多目的地游客汇总	12 741	20 171	12 110	24.0%

表 5-1 中数据表明,游览单一景区的游客比例为 76.0%,而景区数量增加后游客比例下降为 15.3%(两景区)、7.2%(3 或 4 家景区)。大多数游客出游目的地为单一目标,以 2—4 个为目标的小部分游客路线属于较为闲适的旅行;只有较少数游客选择在一周之内较为集中地游览多个景区,属于典型的观光游客。同样可以看出,即使在春季出游旺季,具体月份对游客的出行也会存在部分影响。

了解了旅游目的地选择数量模式之后,继续分析旅游轨迹的长度特征,即通过计算景区之间的平均距离对比游客移动距离分布特征来分析流动节奏[200],发现游客的目的地转移规律和总游线长度的规律。无重复路线的均值距离分别为 117.5 km(3 月)、126.2 km(4 月)、112.9 km(5 月),实际客流量(权重)的均值则分别为 58.9 km、64.6 km、55.2 km,与前文的旅游客流的增量空间自相关距离结果基本一致(图 4-20)。

旅游流动步长分布是指从某景区转移至下一节点的流动距离分布,结果表明其为指数型(图 5-1),中远程在 70—80 km、150—200 km 和 290—300 km 等 3 个距离区段有超过趋势的分布。其中,步长 200—210 km 区段的游线距离和步长高峰主要受南京—苏州间城市距离(市中心间直线距离约 200 km)的影响。

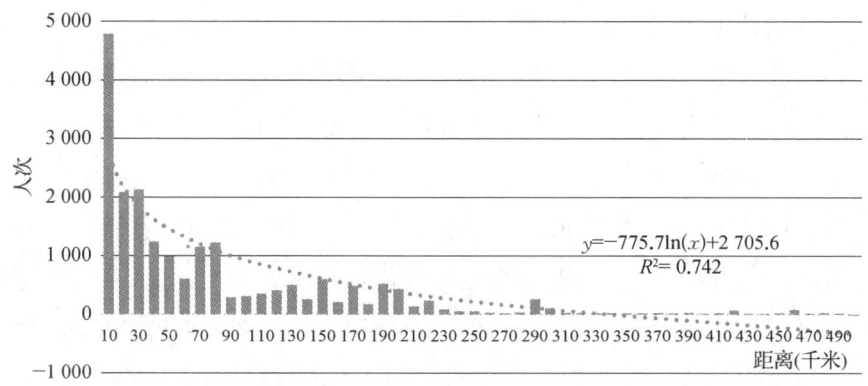

图 5-1 旅游流目的地间转移距离(移动步长)分布

3—5月份的游线频数与线路距离之间存在负相关关系(图5-2)。在不同的月份,线路之间的距离越短,游线频数越高。存在部分特殊情况,如4月的游线频数在距离为100—200 km时也存在较高的情况,但大致符合该线性拟合关系。

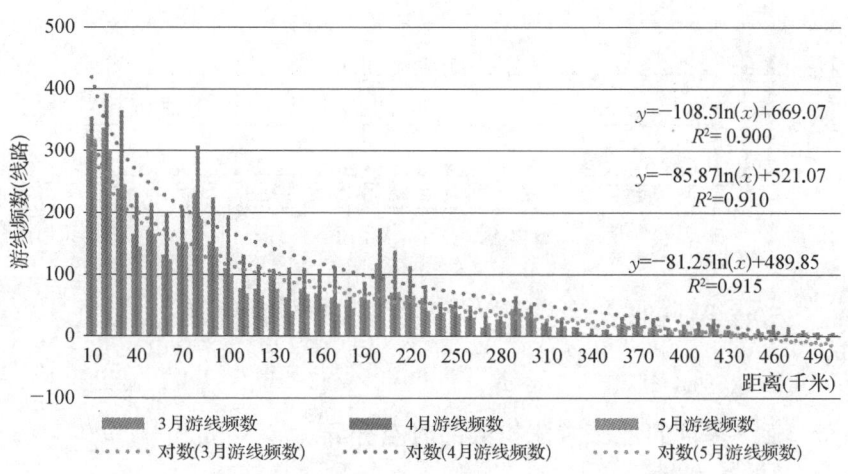

图 5-2 多目的地旅游流游线分距离分布(线路分月)

结合旅游人次对旅游距离的反映情况,可发现在各月份均符合旅游人次随旅游距离递减的规律,即当距离增加时,产生的成本也会逐渐增加,相应的长距离旅游线路模式的概率降低(图 5-2)。游线类型上,4 月游客在 20—30 km 的类型数超过 10 km 内,显示出春季出游和小长假带来线路的多样性增加,受出游距离约束更少。在 80—100 km、200—210 km、290—300 km、370 km 和 420 km 等距离区段,呈现超过指数趋势的特征。

汇总多目的地游线长度的分月分布特征,不同于线路长度的指数分布,而是幂指数分布,4 月客流随距离衰减的幂指数达到 −1.281。多目的地旅游线路长度和旅游人次之间为负相关关系(图5-3),在距离为 10 km 时,旅游人次接近 12 000,而随着距离的增加,旅游人次则显著性地下降。这也是对旅游长度模式的一个具体表现,符合距离衰减规律,即游客在选择旅游线路的时候,会考虑旅游所涉及的交通成本及时间成本,随着距离的增加,旅游人次会逐渐减少[248],但在 80 km、200 km 区段存在局部高值。

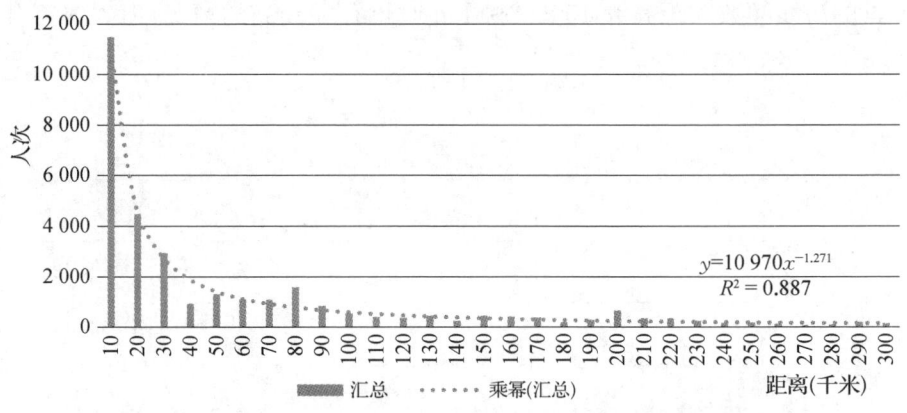

图 5-3　多目的地旅游流游线分距离分布(汇总)

5.1.2　多目的地旅游流扩散的时空分异

选择 3 个主要典型城市分析扩散规律,使用扩散距离与角度指数的指标来量化扩散特征。假设入游流向各景区是均匀扩散,得到扩散距离与角度的标准值。那么,实际扩散距离若小于该值则表明实际客流扩散更偏重于近距离扩散,反之则倾向于向更远的地方扩散[1]。

进一步地根据计算的距离与角度两种指标扩散指数,对江苏省客流网络中 3 个主要和典型的城市——南京、苏州及扬州向其他城市流动的实际的时空演化进行描述(表 5-2)。南京为省内最主要的扩散中心,扩散时间多集中在 4 月份;但在流动距离方面,苏州的平均扩散距离更长,且各城市的扩散距离均小于标准值,说明扩散倾向于近距离流动。扩散距离采用根据经纬度计算的大圆距离;扩散角度采用两个经纬点按照扩散起始点的方位角,计算方法的代码形式可以表达为:

假设景区两点经纬度坐标为 $P0(latA, lonA)$,$P1(latB, lonB)$,计算:

$radLatA = radians(latA)$, $\quad radLonA = radians(lonA)$

$radLatB = radians(latB)$, $\quad radLonB = radians(lonB)$

$dLon = radLonB - radLonA$, $\quad y = \sin(dLon) \times \cos(radLatB)$

$x = \cos(radLatA) \times \sin(radLatB) - \sin(radLatA) \times \cos(radLatB) \times \cos(dLon)$

$brng = degrees(atan2(y, x))$, $\quad brng = (brng + 360) \% 360$。

表 5-2 分城市出游流的距离与角度指标扩散指数

	南京	苏州	扬州
扩散量(人次)	6 001	1 410	948
扩散流均值(人次)	33.2	9.0	6.0
扩散距离均值(km)	136.5	207.1	117.1
扩散距离标准值(km)	178.4	209.6	146.8
扩散角度均值(度)	96.5	298.2	166.3
扩散角度标准值(度)	129.3	299.0	186.4

此外,通过城市旅游流扩散距离及角度双指标扩散指数,做出密度雷达图,对不同城市扩散流的季节性时空演变及空间改变进行分析,以了解季节性的改变对于时空演变之间的关系。

不同城市之间的旅游流扩散存在较显著的差异,南京的扩散范围更广,即南京为主要的扩散中心;苏州次之;而扬州相对最小而集中(图 5-4)。南京市最远的扩散距离可至徐州及连云港,辐射范围较广,旅游者主要从南京出发前往江苏省内其他市的景点进行游览,而近距离的扩散主要沿着扬州—常州—无锡—苏州,受距离影响,旅游出流也会发生改变,近距离的出流大于远距离出流。苏州的扩散范围较小,主要集中在苏南地区,主要沿着常州—无锡—苏州进行扩散。扬州出流人数较多,以自身为中心向邻近城市的高流量扩散范围相对较大,且存在较多远距离出游的情况。

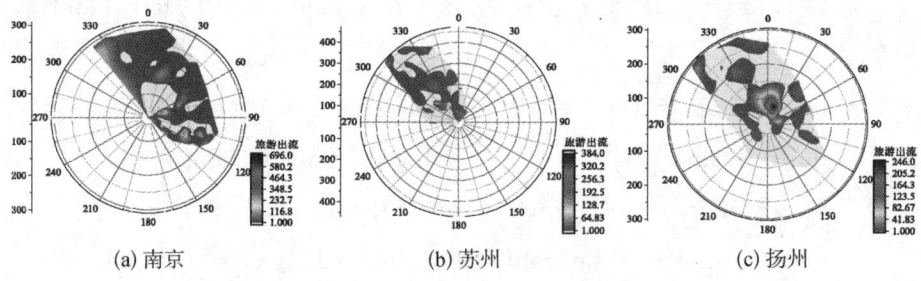

图 5-4　主要城市旅游扩散流空间分布

南京市在不同月份的旅游出游情况产生了一些变化,从 3—5 月份整体的扩散范围逐渐扩大,扩散到扬州、苏州等的旅游人次先增后减(图 5-5a)。这也表明旅游的产生和月份存在一定的相关性。苏州市的出流密度则存在随着月份变化而波动增加的趋势(图 5-5b)。从 3—5 月份的苏州出游密度雷达图中可发现,苏州市在 3 月份及 4 月份的近距离出游人次较多,但中等距离的人次频数相对较小,而 5 月份的近距离及远距离的出游密度均呈现不断增加的趋势。扬州市出流情况则存在较大的变化,其扩散范围较大,3—4 月存在泰州等里下河地区的旅游出游极(图 5-5c),5 月主要的出游方向为南京及邻近市中心,可见与传统的"烟花三月下扬州"存在关联关系。

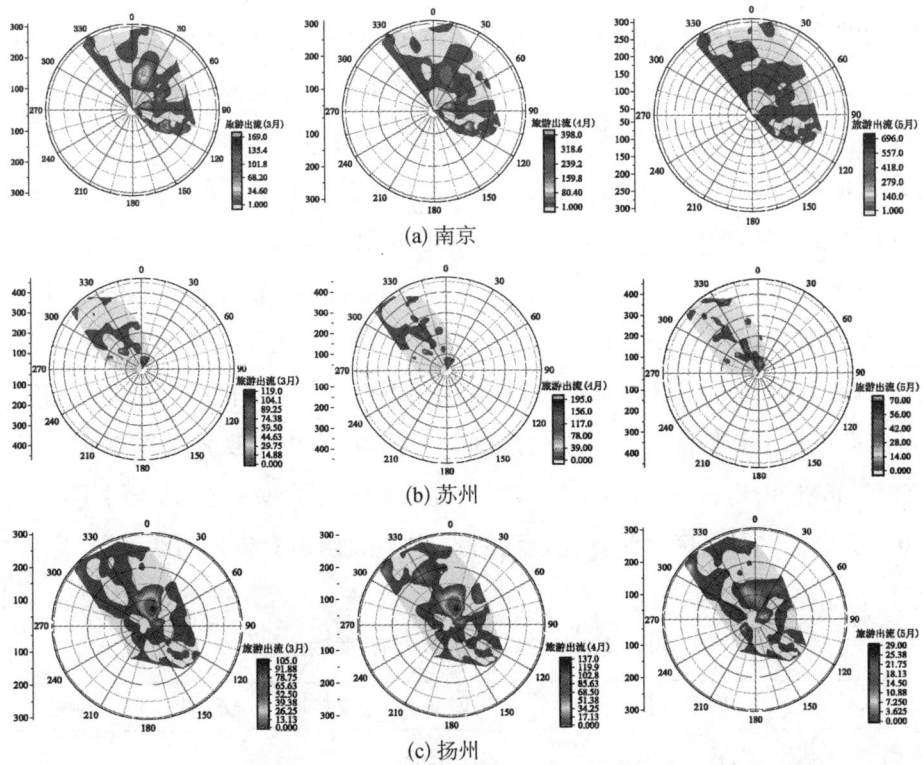

图 5-5 分城市旅游扩散流空间分月分布

5.1.3 多目的地关联规则挖掘

进一步地,我们通过多景区组合(旅游线路)关联规则的数据挖掘研究,对可推荐的旅游景点进行选择,加强景区之间的联系。

在进行数据挖掘时,我们可以将多目的地组合视为经典的超市购物篮问题[249,250],消除流向的影响。每个游客的一次出游活动所包含的景区就构成了一个事务。为了衡量关联规则的可靠性,引入支持度与置信度两个参数。支持度(support)指数据事务集 D 中包含项集 A,同时也包含项集 B 的事务百分比,即 $P(A \cup B)$,支持度表示 $A \rightarrow B$ 在事务集中出现的普遍程度。置信度(confidence)指包含 A 和 B 的事务数与 A 事务数的百分比,即

$P(B|A)$，置信度表示 $A \rightarrow B$ 成立的必然程度。在实际研究中为筛选关联规则的质量，往往需要根据用户的需求设定最小支持度（min_sup＝0.005）和最小置信度（min_conf＝0.5），当规则同时大于最小支持度和最小置信度时，该条规则称为强关联规则[251]。关联规则的挖掘就是在数据 D 中找出用户感兴趣的强关联规则。使用 Apriori 算法首先生成频繁项集（即满足最小支持度设置阈值的项集），继而生成关联规则。

分别计算每月线路数据，挖掘三景区及以上的关联规则 25 条（3 月）、33 条（4 月）和 57 条（5 月），涉及具体游客频数均值为 150 人次，最低为 61 人次（表 5-3）。关联规则数与当月客流量并不对应，关联规则更多表明游客出游更加富有规律。以关联较多的 5 月为例，可以发现强关联多存在于南京、苏州、扬州和镇江的主城内，以传统知名人文景区为主，属于城市必游景区。城市必游景区之间存在较强的旅游吸引性，也有较强的联系。

表 5-3 多目的地旅游流的强关联规划

5 月	频繁项集	频繁项集	支持度/%	置信度/%	频数
[1]	{雨花台—总统府}→	{中山陵}	0.007	0.672	80
[2]	{雨花台—总统府}→	{夫子庙}	0.006	0.605	72
[3]	{玄武湖—总统府}→	{夫子庙}	0.006	0.561	78
[4]	{夫子庙—总统府—南京博物院}→	{中山陵}	0.010	0.649	122
[5]	{夫子庙—总统府—南京大屠杀遇难同胞纪念馆}→	{中山陵}	0.008	0.613	98
[6]	{虎丘—拙政园}→	{狮子林}	0.011	1.000	128
[7]	{留园—拙政园}→	{狮子林}	0.011	1.000	138
[8]	{周庄古镇—拙政园}→	{狮子林}	0.005	1.000	65
[9]	{平江历史街区—拙政园}→	{狮子林}	0.009	1.000	111
[10]	{山塘街—拙政园}→	{狮子林}	0.013	1.000	163
[11]	{中山陵—拙政园}→	{狮子林}	0.005	1.000	62
[12]	{夫子庙—拙政园}→	{狮子林}	0.007	1.000	82
[13]	{留园—拙政园}→	{西园戒幢律寺}	0.009	0.797	110

续表

5月	频繁项集	频繁项集	支持度/%	置信度/%	频数
[14]	{留园—拙政园—西园戒幢律寺}→	{狮子林}	0.009	1.000	110
[15]	{留园—拙政园—狮子林}→	{西园戒幢律寺}	0.009	0.797	110
[16]	{狮子林—周庄古镇}→	{拙政园}	0.005	0.663	65
[17]	{狮子林—中山陵}→	{拙政园}	0.005	0.713	62
[18]	{总统府—中山陵}→	{夫子庙}	0.029	0.576	353
[19]	{雨花台—中山陵}→	{夫子庙}	0.008	0.555	91
[20]	{总统府—中山陵—南京博物院}→	{夫子庙}	0.010	0.663	122
[21]	{总统府—中山陵—南京大屠杀遇难同胞纪念馆}→	{夫子庙}	0.008	0.605	98
[22]	{夫子庙—中山陵—南京博物院}→	{总统府}	0.010	0.584	122
[23]	{夫子庙—中山陵—南京大屠杀遇难同胞纪念馆}→	{总统府}	0.008	0.576	98
[24]	{夫子庙—中山陵—南京大屠杀遇难同胞纪念馆}→	{南京博物院}	0.007	0.500	85
[25]	{个园—扬州瘦西湖}→	{东关街}	0.022	0.869	271
[26]	{狮子林—西园戒幢律寺}→	{留园—拙政园}	0.009	0.625	110
[27]	{镇江博物馆—西津渡}→	{金山焦山北固山}	0.009	0.867	104
[28]	{拙政园—同里古镇}→	{狮子林}	0.006	1.000	70
[29]	{狮子林—同里古镇}→	{拙政园}	0.006	0.745	70
[30]	{夫子庙—狮子林}→	{拙政园}	0.007	0.766	82
[31]	{山塘街—狮子林}→	{拙政园}	0.013	0.642	163
[32]	{留园—山塘街}→	{西园戒幢律寺}	0.005	0.762	64
[33]	{狮子林—平江历史街区}→	{拙政园}	0.009	0.750	111
[34]	{总统府—南京大屠杀遇难同胞纪念馆}→	{中山陵}	0.013	0.602	162
[35]	{总统府—南京大屠杀遇难同胞纪念馆}→	{夫子庙}	0.013	0.595	160
[36]	{雨花台—南京大屠杀遇难同胞纪念馆}→	{中山陵}	0.006	0.583	67

续 表

5月	频繁项集	频繁项集	支持度/%	置信度/%	频数
[37]	{中山陵—南京大屠杀遇难同胞纪念馆}→	{夫子庙}	0.014	0.578	170
[38]	{中山陵—南京大屠杀遇难同胞纪念馆}→	{总统府}	0.013	0.551	162
[39]	{雨花台—南京大屠杀遇难同胞纪念馆}→	{夫子庙}	0.005	0.530	61
[40]	{总统府—南京大屠杀遇难同胞纪念馆—南京博物院}→	{中山陵}	0.006	0.765	78
[41]	{夫子庙—南京大屠杀遇难同胞纪念馆—南京博物院}→	{中山陵}	0.007	0.714	85
[42]	{中山陵—南京大屠杀遇难同胞纪念馆—南京博物院}→	{夫子庙}	0.007	0.702	85
[43]	{总统府—南京大屠杀遇难同胞纪念馆—南京博物院}→	{夫子庙}	0.006	0.676	69
[44]	{中山陵—南京大屠杀遇难同胞纪念馆—南京博物院}→	{总统府}	0.006	0.645	78
[45]	{夫子庙—南京大屠杀遇难同胞纪念馆—南京博物院}→	{总统府}	0.006	0.580	69
[46]	{雨花台—南京博物院}→	{中山陵}	0.006	0.703	71
[47]	{南京大屠杀遇难同胞纪念馆—南京博物院}→	{中山陵}	0.010	0.676	121
[48]	{南京大屠杀遇难同胞纪念馆—南京博物院}→	{夫子庙}	0.010	0.665	119
[49]	{中山陵—南京博物院}→	{夫子庙}	0.017	0.617	209
[50]	{总统府—南京博物院}→	{夫子庙}	0.016	0.614	188
[51]	{总统府—南京博物院}→	{中山陵}	0.015	0.601	184
[52]	{南京大屠杀遇难同胞纪念馆—南京博物院}→	{总统府}	0.008	0.570	102
[53]	{中山陵—南京博物院}→	{总统府}	0.015	0.543	184
[54]	{中山陵—梅园新村}→	{夫子庙}	0.005	0.568	63
[55]	{镇江博物馆—金山焦山北固山}→	{西津渡}	0.009	0.825	104
[56]	{西津渡—金山焦山北固山}→	{镇江博物馆}	0.009	0.502	104
[57]	{东关街}→	{个园—扬州瘦西湖}	0.022	0.543	271

5.2 多目的地旅游流的网络结构

旅游景区是旅游流网络的微观基础,也是目的地区域(城市层次、省域层次)的主要组成。按景区目的地旅游流网络、城市目的地网络和区域目的地网络三个层次,分析不同尺度下的旅游流网络结构。

5.2.1 旅游流网络的整体结构

旅游流是旅游者从客源地到目的地的过程,而旅游的流动构成了一个社会网络结构,是多个节点和各节点之间的连线构成的集合。其中度(degree)是指特定行动者对网络其他成员持有的关系的数量和类型,核心度值(coreness)是指该行动者在网络中居于核心地位的程度。中心性(pagerank)是表明该点在社会网络中居于中心的程度,可分为接近中心性和中介中心性,接近中心性(closeness)是指一个节点与网络中其他节点的接近程度;中介中心性(betweenness)是指如果一个节点位于其他交互关系的路径上,凸显出此节点的重要地位,中介中心性表明了该节点对网络中资源、信息控制的程度,具有较高的中介中心度的节点往往位于许多其他关系的最短途径上。

以阈值标准建立的无向二值矩阵,利用核心—边缘算法,计算出每个旅游景区节点的核心度值,即对旅游节点处于网络中的核心或边缘位置有一个量化的认识。经过分析,核心度值大于 0.1 的为核心节点,共 28 个;核心度值在 0.03 以下的为边缘节点,共 81 个;居于 0.03 至 0.1 中间的为缓冲节点,共 40 个;值为 0 的节点共 46 个,属于网络中的孤立节点。核心度值前 20 的景区为核心节点(表 5-4)。

从各景区的核心度值来看,可以发现夫子庙的核心度值为 0.365,为最高,说明夫子庙在所有景区中的核心程度最高,而扬州瘦西湖、中山陵次之,分别为 0.246、0.230,共有 7 个景区的核心度值在 0.2 以上,其他城市的核心度值都较小。由此可知,旅游流整体网络集中于几个景区,并从这些具有较高核心度的景区中向外扩散。

表 5-4 旅游流网络的节点结构指标分解

序号	景区名称	度	限制度	接近中心性	中介中心性	核心度值	中心性
0	夫子庙	92	0.044	1.659	21.891	0.365	0.048 0
20	扬州瘦西湖	62	0.070	1.654	5.253	0.246	0.027 6
167	中山陵	58	0.074	1.652	1.893	0.230	0.024 5
17	鼋头渚	54	0.078	1.652	3.632	0.214	0.022 1
186	东关街	51	0.083	1.651	1.440	0.203	0.021 5
152	个园	45	0.091	1.650	0.610	0.179	0.021 0
5	总统府	46	0.090	1.650	0.922	0.183	0.018 5
36	拙政园	51	0.081	1.650	1.441	0.203	0.017 6
192	狮子林	51	0.081	1.650	1.441	0.203	0.017 6
33	山塘街	42	0.094	1.649	1.286	0.167	0.016 9
72	清名桥古运河景区	37	0.110	1.648	1.295	0.147	0.016 1
71	留园	39	0.102	1.648	0.517	0.155	0.016 0
166	灵山	47	0.086	1.650	1.979	0.187	0.015 9
30	吴中太湖旅游区	35	0.115	1.648	0.745	0.139	0.015 3
24	常州南大街	8	0.377	1.642	0.839	0.032	0.015 0
38	周庄古镇	32	0.123	1.647	0.348	0.127	0.014 9
46	西园戒幢律寺	39	0.102	1.648	0.364	0.155	0.014 5
50	虎丘	32	0.122	1.647	0.053	0.127	0.014 4
148	石湖	32	0.121	1.647	1.372	0.127	0.013 8
164	同里古镇	36	0.110	1.648	0.850	0.143	0.013 7

注：完整列表详见附录 B。

Pagerank 值来自搜索引擎算法，用以衡量某一节点相较于其他节点在链接中更加重要的程度[252]。以表示链接重要性的 Pagerank 值为依据分为 3 级，高值节点位于网络图中心区域（图 5-6）；以连接线的粗细程度，来反映景区间游客的数量（阈值大于等于 100 人次，共 211 条；阈值大于等于 10 人次，共 1 068 条）。结果发现旅游整体网络是以夫子庙为核心，外围景区多集中在苏州、无锡、扬州与南京等城市间。

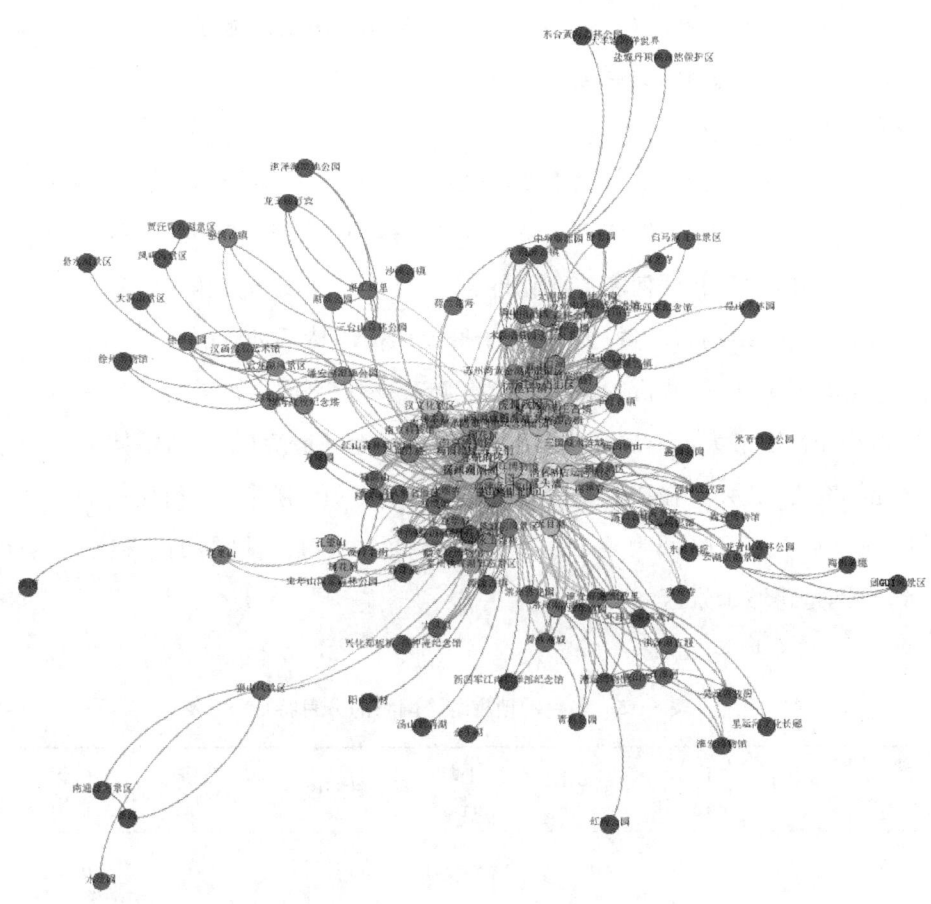

注：网络采用 Yifan Hu 布局，边阈值为 10。

图 5-6　多目的地旅游流网络结构

当阈值发生变化时，可发现当阈值大于等于 100 人次改变为 10 人次之后，景区旅游流网络结构变得复杂，过滤的东西减少，景区间联系增多，但仍然以夫子庙为核心，集中在南京、苏州、扬州等市，既有各城市游客规模和吸引力的影响，也受与南京及夫子庙距离的影响。

5.2.2　旅游流复杂网络整体分析

在后文的数据处理过程中，出于对数据信息完整性的考虑，本章节在分析整体网络结构时采用无向加权网络(阈值为 10 过滤),在分析局部网络结构时采用有向加权网络(阈值为 3 过滤),均保留网络的旅游流量权重。另外,在不需要考虑网络关系强度的情况下,会将加权网络通过二值化处理转变为二值网络。

选取景区间关联 10 人次为强弱联系的阈值进行二值化(即在原始赋值矩阵中大于等于 10 的取值为 1,相反为 0),得到了一个 195×195 的二分矩阵(去除矩阵中没有任何客流到访的景区)。再根据二分矩阵,对景区旅游流网络的整体结构、节点特征、凝聚子群及结构洞特征进行解析。

由此得出 3—5 月份的多目的地旅游流网络的分月特征,可知 5 月份的平均路径长度最大(2.025),3 月次之(1.999),4 月最短(1.86),整体的平均路径长度为 1.745。在选取景区间关联 10 人次为阈值进行二值化后的网络中,密度从 0.284 降低为 0.048,平均度降低为 9.716。网络的联接变得松散,特别是跨城市景区间(表 5-5)。

表 5-5 多目的地旅游流网络的分月特征

	边	边—阈值 10	平均度	平均加权度	图密度	平均路径长度	平均聚类系数
3 月	2 941	768	30.164	683.692	0.155	1.999	0.616
4 月	3 875	1 065	39.744	1 189.108	0.205	1.86	0.636
5 月	2 706	701	27.754	660.164	0.143	2.025	0.605
整体	5 364	1 710	55.015	2 489.887	0.284	1.745	0.670

1. 多目的地旅游流的网络特性

多目的地旅游流网络具有小世界网络特性,当平均路径长度在 2 左右,景区之间通过 2—3 个路径就可联系起来。

度分布(degree distributions)是对节点的度的规律的一种描述,通常用度分布函数 $P(K)$ 表示任意选择一个网络节点,其度恰好为 K 的概率。其值等于网络中度为是的节点的个数占网络节点总个数的比值。其中,度分布符合幂律分布的特征为复杂网络的无标度性特征。在无标度网络中,如论文引用网络、Internet、代谢网络、电话呼叫网络和社交关系网络等,其度分布都呈一种幂律分布(Power-law Distribution)。同时研究者也发现,在非泊松度分布的真实网络中,除了幂律分布外,还存在其他形式的度分布。如电力网络的度分布服从指数分布;也存在幂律加指数截断的度分布网络,如电影演员合作网络以及蛋白质相互作用网络。

在省域多目的地旅游流网络(二值网络)的度分布也符合幂律分布(系数为1.603),大多数景区的度数都很小,位于网络的边缘地位,少数景区的度数很大,位于网络的中心地位,具有严重的异质性。这种特征揭示了网络是以少数几个景区为核心、各景区间具有紧密关联特征的复杂网络。通过对旅游流网络的度分布进行分析,可以发现当节点度与分布概率存在负相关关系(图5-7),节点度为5时,分布概率最大(约60%),当节点度不断增加时,分布概率不断减少,趋向于0。

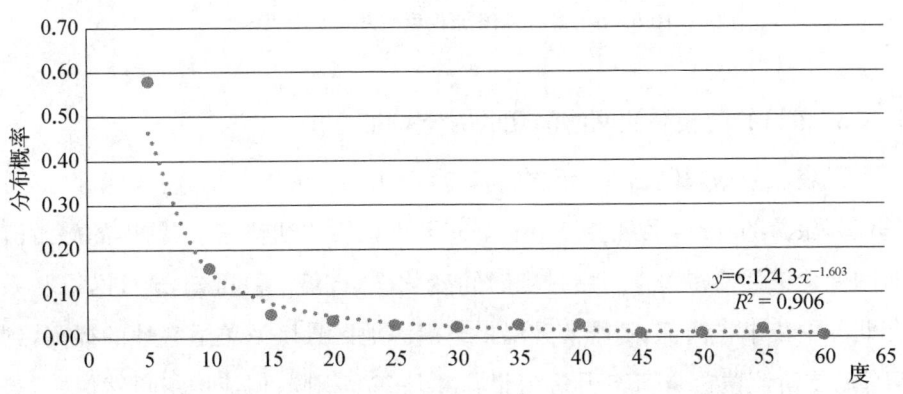

图5-7 多目的地旅游流网络的节点度分布

2. 多目的地旅游流网络的季节特性

对景区网络加权度位序与4月的环比进行分析后可以看出,研究期间,景区的客流量最多超过两万人次,且旅游客流主要集聚在最为有名的30家景区,而剩余的其他景区相对来说流量较少。此外,通过4月的环比变化可以发现,4月的客流量相较3月呈增长趋势,在绝大部分景点呈现较平稳的增长,而在少部分景区则呈现快速增长的趋势(图5-8)。

通过对3月至5月的平均路径长度和直径进行分析,了解多目的地旅游流网络的月度时间变化。

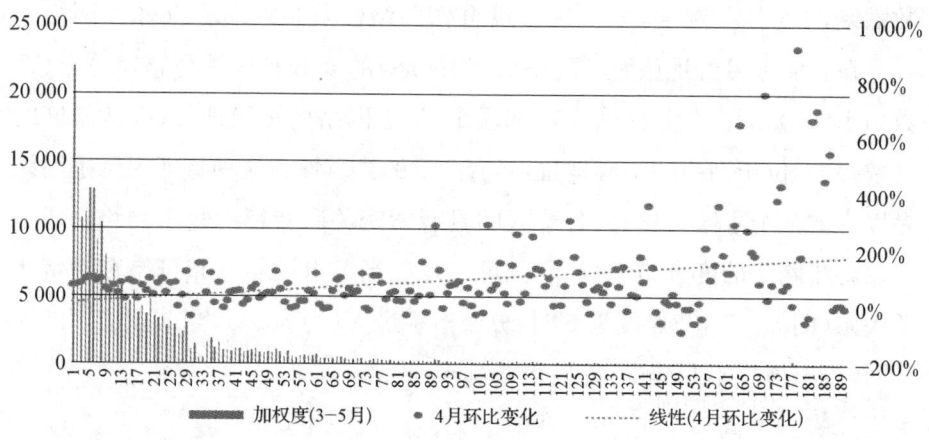

图5-8 景区网络加权度位序与环比变化

3. 多目的地旅游流网络演化的时空特征分析

受获取数据限制,暂时无法进行全年的网络季节变化分析,但3—5月是江苏旅游的旺季,而且会经历3个3天小长假,"烟花三月"前后的旅游流时间变化依然值得关注。由月度时间变化图(图5-9)可知,3月网络联系苏北苏中集中在西部,随季节升温带来沿海地区景区游览适宜性的提高,到4月后旅游流覆盖全境,5月客流量与3月基本相同,但流网络仍然保持,表现为平均度的降低。4月较3月在加权度上变化明显,加权度越小,受季节的影响波动幅度越大。

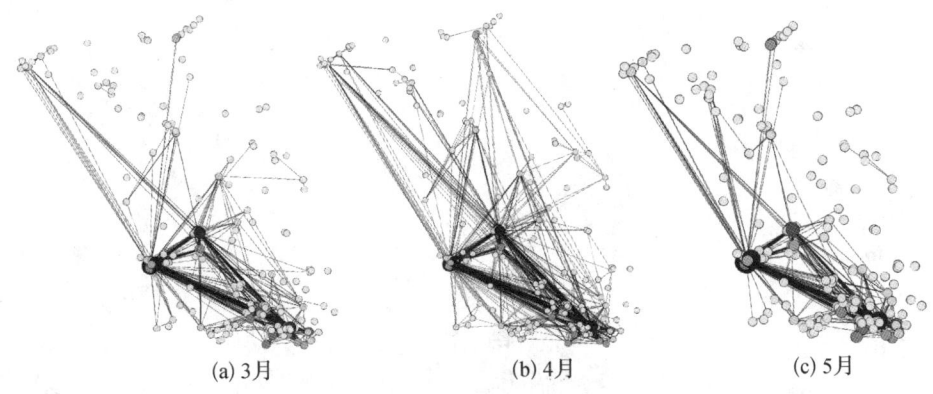

(a) 3月　　　　　　(b) 4月　　　　　　(c) 5月

图 5-9　多目的地旅游流网络的月度变化

5.2.3　多尺度区域旅游流网络的结构特征

1. 景区尺度旅游流交互结构

首先分析跨城市间景区旅游流网络。设定阈值为20，将跨城市的所有景区按照级别进行分类，得出跨城市多景区旅游流网络结构图（图5-10），是旅游流网络中的主要结构，具有跨市影响力的5A级景区16家、4A级景区53家。可以发现，虽然4A级景区的数量远超过5A级景区的数量，但旅游流网络结构呈现出4A级景区围绕5A级景区的趋势，以夫子庙(0)为代表的5A级景区多为核心景区，具有明显的等级扩散的趋势。

然后，对不同城市内部的景区关联结构进行分析，得到城市内部的旅游流交互关系，初级的非网络形式分为链、单中心式，随景区量和客流量增加而呈现初步网络、聚核网络、多核网络三种不同的网络形式。从图5-11中可看出，南通市的景点数总共为6个，景点之间呈现链式关联；盐城从一个核心景点向四周景点扩散，呈现单中心式；而泰州、宿迁及常州、镇江则形成较初级的网络，具有多个扩散中心，初步形成简单的小世界网络模式；淮安、扬州及徐州形成聚核网络，景点之间联系较复杂，具有多条出行线路的模式；无锡、苏州及南京拥有景区数量较多，许多知名景区促成了多个核心，旅

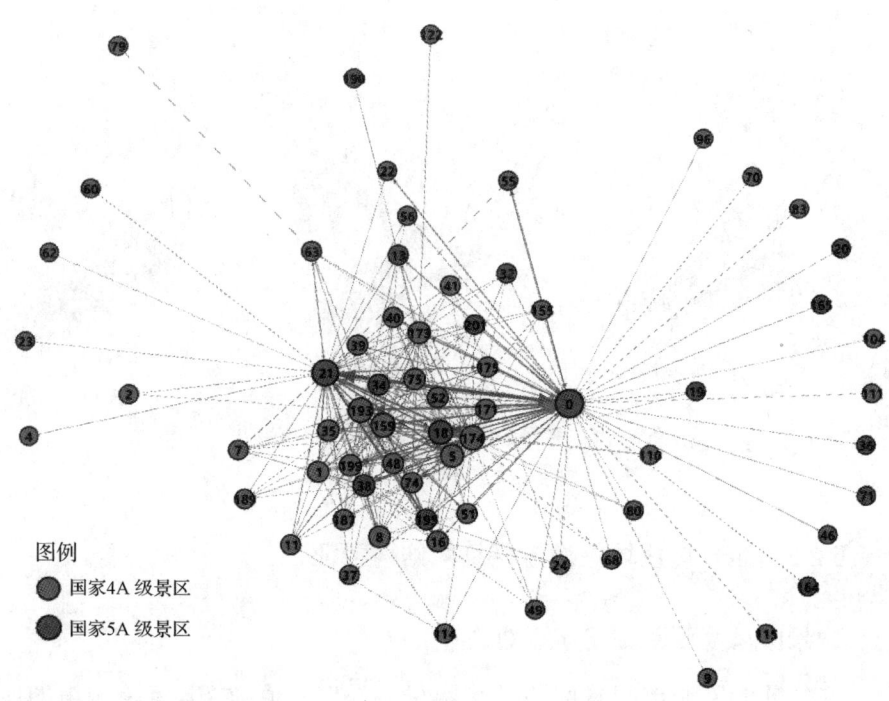

注：网络采用 Yifan Hu 比例布局，边阈值 20，节点 ID 对应名称见附录 A。

图 5-10　跨城市多景区旅游流网络结构

游线路非常多元化，形成多核网络。城市旅游发展水平和游客量规模对旅游流网络结构有较大影响，传统知名旅游城市的旅游流网络更加完善和复杂。据此也可以看出，城市的景区关联程度与城市所处地理位置具有重要关联性，地处江北的城市景点间网络情况较简单，而江南地区的城市景点间呈现更为复杂的网络结构。此外，景区之间的关联程度也与景点数量有关，景点数量较少的城市结构多为单中心式或初步网络形式，而景点数量偏多的城市，景点之间多呈聚核和多核心模式。

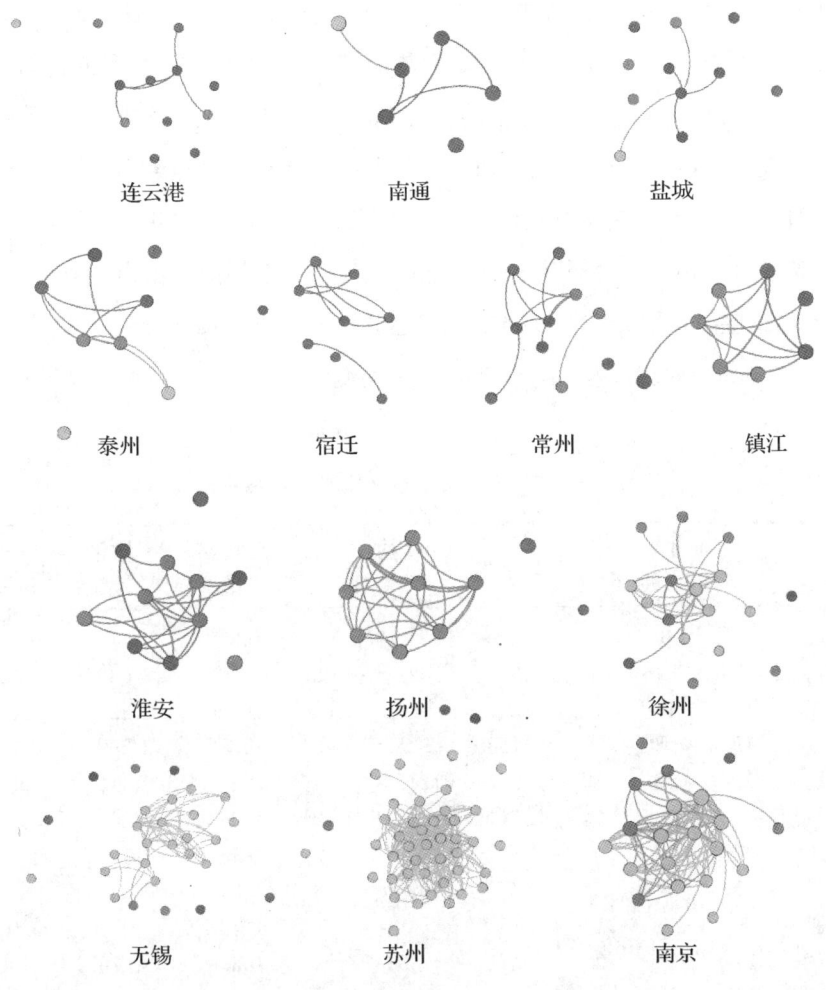

图 5-11 景区旅游流网络分城市关联结构

2. 城市尺度旅游流交互结构

对江苏省所有城市的景区及相关指标进行统计后,发现苏州景点数量最多(45个),与无锡(30个)、南京(21个)景点数量排名前三。但从网络密度来看,扬州、南通及常州的数值最高,景区间交互联系较紧密,也与其城市景点数量较少存在一定关系。总体来看,苏州、南京景点间联系最为紧密。

社会网络之间的关系可分为派系之间关系和派系内部的关系,而不同社团之间的关系即为社会网络中的派别之间的关系(external lingks)。同一社团内部的关系为派别内部的关系(internal lingks),由$(EL-IL)/(EL+IL)$构建$E-I$指数。$E-I$指数值越接近1,则说明关系越趋向于发生在群体之外,意味着派系林立的程度越小;该值越接近-1,则说明关系越趋向于发生在群体之内。城市间$E-I$指数为0.336,表明游客在省内13个城市间以外向跨城扩散为主(表5-6)。淮安(0.758)、常州(0.724)及宿迁(0.775)三个城市的数值较趋近于1,表明其流通关系趋向于城市之外,内部联系较弱,这些城市的景区在线路中是中继节点的角色。泰州(-0.063)是$E-I$指数唯一为负的城市,内部与外部联系较均衡,是相对独立的目的地城市。

表5-6 不同城市间景区旅游流网络特征

城市	景点数	4A数量	5A数量	平均度	平均加权度	直径	无权网络密度	平均路径长度	$E-I$指数
镇江	8	6	2	3	271.125	2	0.379	1.111	0.634
扬州	9	8	1	3.222	815	2	0.403	1.033	0.462
盐城	12	11	1	2.75	14.417	3	0.250	1.326	0.408
徐州	19	18	1	5.158	72.895	3	0.287	1.299	0.425
无锡	30	27	3	5.967	121.033	4	0.206	1.512	0.669
泰州	9	8	1	2.111	27.778	2	0.264	1.269	-0.063
宿迁	9	9	0	3.111	22.111	2	0.389	1.176	0.755
苏州	45	37	8	10.778	509.089	3	0.245	1.428	0.292
南通	6	5	1	2.167	20.5	1	0.433	1	0.462
南京	21	19	2	7.571	860	2	0.379	1.276	0.246
连云港	12	11	1	3.083	21.333	4	0.280	1.421	0.359
淮安	12	11	1	3.833	52.917	2	0.348	1.132	0.758
常州	10	7	3	3.5	30.3	2	0.389	1.167	0.724

对城市间的旅游客流进行分析,设定边阈值为40人次,通过ForceAtlas2的方式进行布局(图5-12),南京是旅游流扩散的主要源节点,苏南城市间联系密切,南通、盐城、连云港作为省域的东部滨海城市处于网络的外缘。结合表5-7可看出南京(47.7)、镇江(37.7)、扬州(101.9)的市内旅游流联系强度较大。旅游客流主要从这三个城市往无锡、苏州等地扩

散。而南通、盐城和连云港、宿迁的旅游流相对较少,大量城市之间带动平均联系强度(基于景区数量平均)在0—0.1之间。

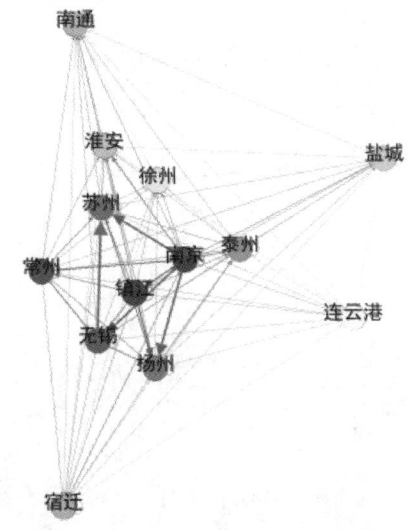

图 5-12 城市间多目的地旅游客流网络结构

表 5-7 不同城市间景区旅游流平均联系强度

	常州	淮安	连云港	南京	南通	苏州	泰州	无锡	宿迁	徐州	盐城	扬州	镇江
常州	3.4	0.0	0.1	0.1	0.1	0.3	0.2	1.5	0.0	0.1	0.1	1.2	0.0
淮安	0.0	5.8	0.2	1.1	0.0	0.0	0.0	0.0	0.0	0.2	0.1	0.0	0.0
连云港	0.0	0.0	3.0	0.0	0.0	0.0	0.0	0.0	0.0	0.0	0.0	0.0	0.0
南京	1.6	1.8	0.2	47.7	0.3	1.5	1.9	1.9	0.3	0.6	0.2	7.7	3.3
南通	0.0	0.1	0.2	0.0	4.1	0.0	0.0	0.0	0.1	0.0	0.1	0.0	0.0
苏州	0.0	0.1	0.1	0.3	0.3	12.7	0.0	0.0	0.0	0.0	0.0	1.8	0.0
泰州	0.0	0.3	0.1	0.2	0.6	0.0	4.5	0.0	0.0	0.1	0.2	1.0	0.0
无锡	0.0	0.1	0.1	0.1	0.0	0.2	1.5	0.2	4.5	0.0	0.1	0.0	1.8	0.0
宿迁	0.0	0.4	0.1	0.0	0.0	0.0	0.0	0.0	4.0	0.3	0.0	0.0	0.0
徐州	0.0	0.0	0.2	0.0	0.0	0.0	0.0	0.0	0.0	4.5	0.0	0.0	0.0
盐城	0.0	0.0	0.3	0.0	0.0	0.0	0.0	0.0	0.0	0.1	1.6	0.0	0.0
扬州	0.0	0.9	0.3	0.8	0.6	0.0	6.1	0.0	0.6	0.7	0.4	101.9	0.0
镇江	1.0	0.1	0.1	0.2	0.2	0.5	1.0	0.7	0.1	0.2	0.1	11.5	37.7

3. 地理区域尺度交互网络结构

将旅游流网络依据长江南北分割,形成江北及江南两个局部结构图(图5‑13)。可以发现江北景区间密度较小,景点之间相对分散,扬州市为扩散中心,游客从扬州出发向北部扩散,前往其他景点,表现出等级体系;江南地区景区间密度较大,景区间联系较密集,南京、苏州是主要的扩散中心,游客主要沿南京—苏州一线进行游览活动。

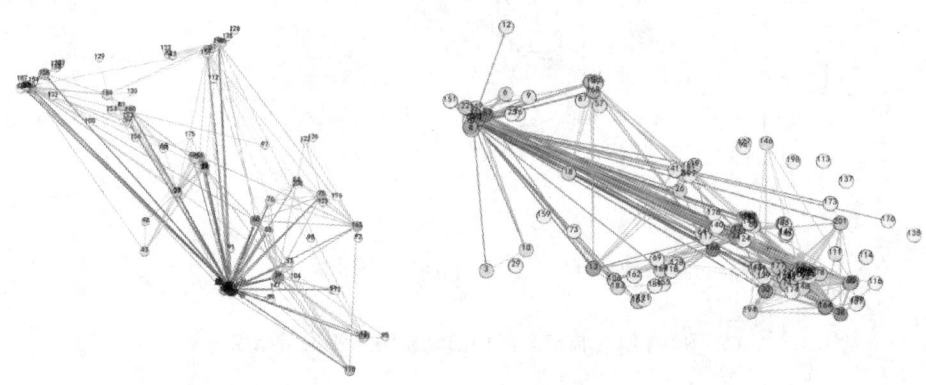

图 5‑13 分地区(江北与江南)旅游流网络结构

5.3 目的地区域间旅游流交互作用

5.3.1 基于模块度的旅游流网络社团划分

社区划分的目标是使得划分后的社区内部的连接较为紧密,而社区之间的连接较为稀疏,通过模块度可以刻画划分的优劣,模块度越大,则社区划分的效果越好[253]。模块度(modularity)指的是网络中连接社区结构内部顶点的边所占的比例,减去在同样的社团结构下任意连接这两个节点的比例的期望值[254]。

模块度优化(modularity optimization)第一步是把各个节点划分到与其邻接的节点所在的社群中,从而使得模块度不断变大[253]。模块度一般在

0.3—0.7之间。高的模块性表示社区内部链接密度高,之间稀疏[255]。然后是社群聚合(community aggregation),把第一步划分出来的社群聚合成一个点,即根据上一步生成的社区结构重新构造一个新的网络(图5-14)。重复以上过程,直到网络中的结构不再改变为止。

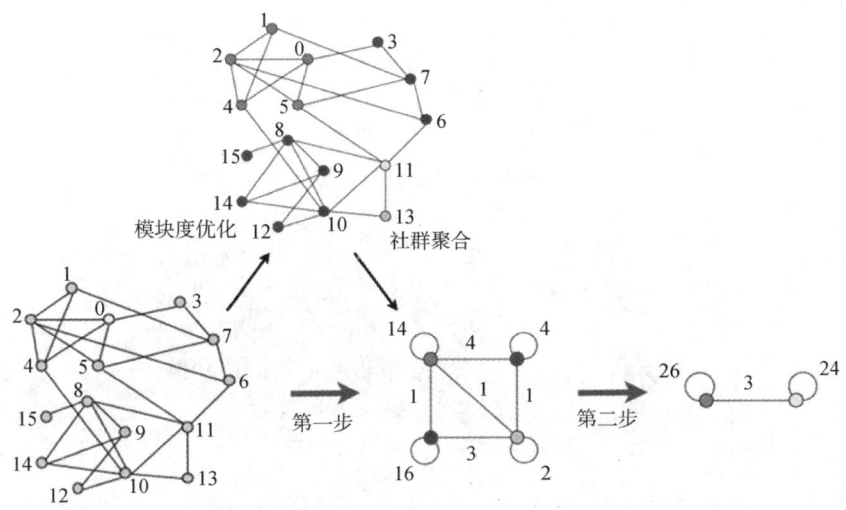

图5-14 基于模块度的社区网络划分过程

分社团对比中,增加直径和图密度两个指标。直径(平均路径长度)是网络中所有两节点之间的平均最短距离[256]。节点间的距离指的是从一个节点要经历的边的最小数目,其中所有节点之间的最大距离称为网络的直径。平均路径长度和直径衡量的是网络的传输性能与效率。图密度在有向图中指的是,密度=边数/(节点数×节点数-节点数),使用(节点数×节点数-节点数)这个计算出最多的连接边数(不包含连自己),用实际边数除以最大可能边数,即为密度,结果越大表示图中节点连接越紧密。

由图5-15可知,旅游流社会网络通过聚类分析,划分为5个不同的社团,分别以不同的颜色表示,具体包括常州无锡、苏北、南京、苏州及苏中五类(表5-8)。其中占比最高的苏北社团约占据整个旅游流网络的33.33%,景点数为54,模块度为0.525,平均路径长度为2.0,表明该社团之间的平均距离联系较远,联系效率较低。而南京共有27个景点,模块度为-0.098,平均路径长度 1.9；苏州共有 36 个景点，模块度为 0.367，平均路径长度在这 5 个社团中最小，为 1.3，即苏州市的旅游通达性最好。此外，苏州的网络密度在 5 个社团中最大(0.348)，表明苏州的各个景点之间联系紧密。

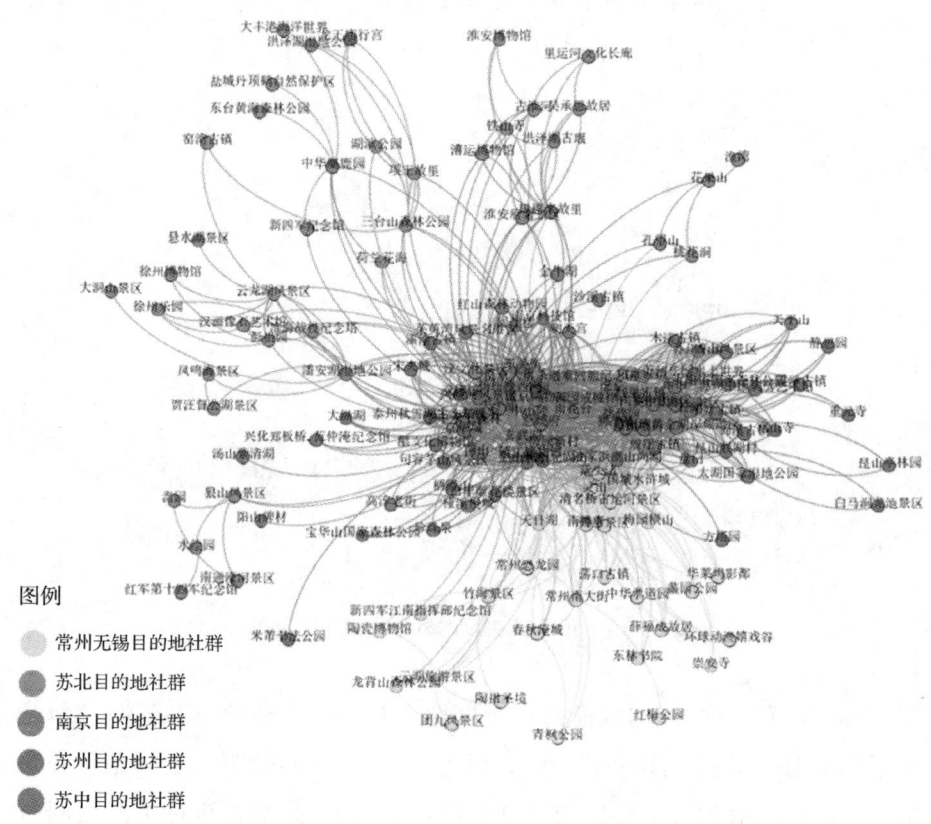

注：网络可视化采用 Yifan Hu 布局

图 5-15 多目的地旅游流模块化社团划分

表 5-8 分社团的局部网络特征

聚类类型	景点数	平均度	平均加权度	直径	网络密度	模块化	平均路径长度
常州无锡目的地社群	42	7.3	104.5	6.0	0.177	0.191	1.7
苏北目的地社群	54	5.8	44.2	5.0	0.110	0.525	2.0
南京目的地社群	27	7.7	527.3	4.0	0.213	−0.098	1.9
苏州目的地社群	36	12.2	634.1	3.0	0.348	0.367	1.3
苏中目的地社群	26	6.2	427.3	3.0	0.248	0.298	1.4

基于社团划分的目的地区域与空间区域间存在跃迁扩散现象,淮安市的大多数景区以及苏州靠近上海的4个景区均归属于南京目的地社群,与南京的联系更为紧密(图5-16)。

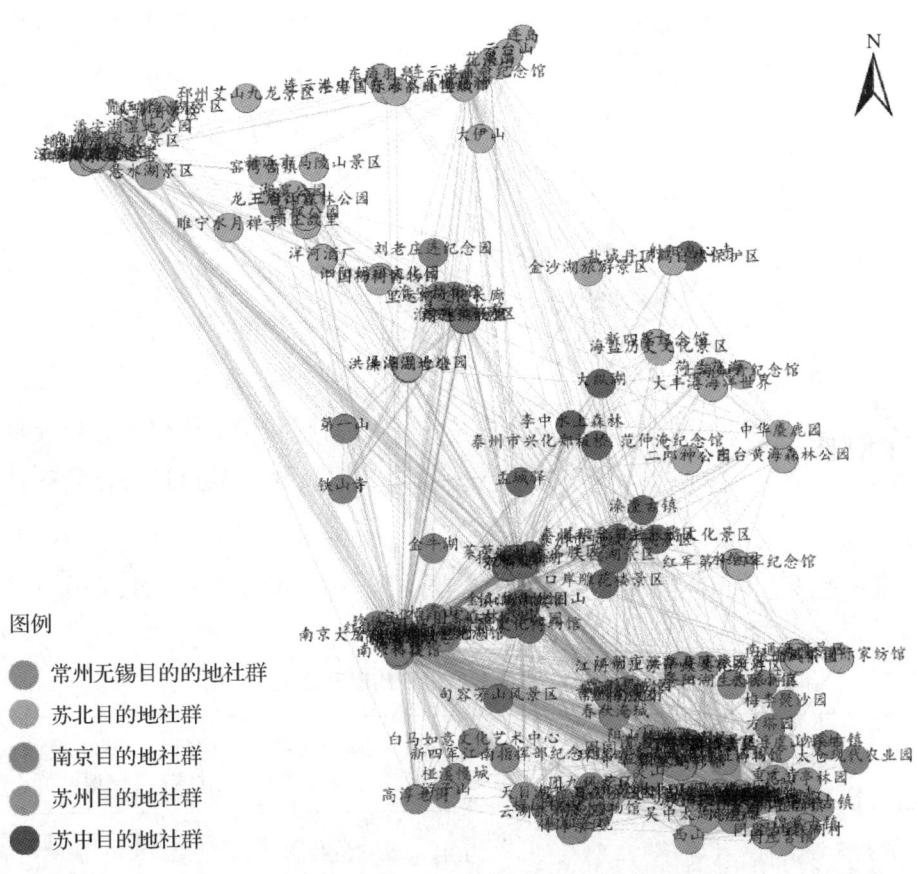

图 5-16　多目的地旅游流模块化社团的空间布局

5.3.2　目的地社团区域间旅游流网络交互强度

将旅游流整体网络分成5个社团后,发现不同目的地社团之间的交互强度存在差异(图5-17)。其中,苏州、苏中、南京目的地社群的内部平均联系强度非常高,在16—19之间,而苏北、常州无锡目的地社群的内部联系强度较低,分别为 0.882 及 2.548(表 5-9)。从不同社群间的平均联系强度来看,常州无锡目的地社群和苏州目的地社群的联系度相对较高(1.31),而苏州、南京目的地社群都和苏中目的地社群的联系更强(0.866、2.392),苏北目的地社群则和南京目的地社群的联系更强(0.027),但和常州无锡及苏州目的地之间的联系强度为 0。这也从另一个方面反映了景区之间的相互关联程度会受到距离的影响,距离更接近的两个目的地社群之间的平均联系强度更强,而位于苏北的目的地则和位于苏南的苏州及常州无锡目的地社群之间联系较弱。因此也可了解旅游流的扩散范围会发生变化。

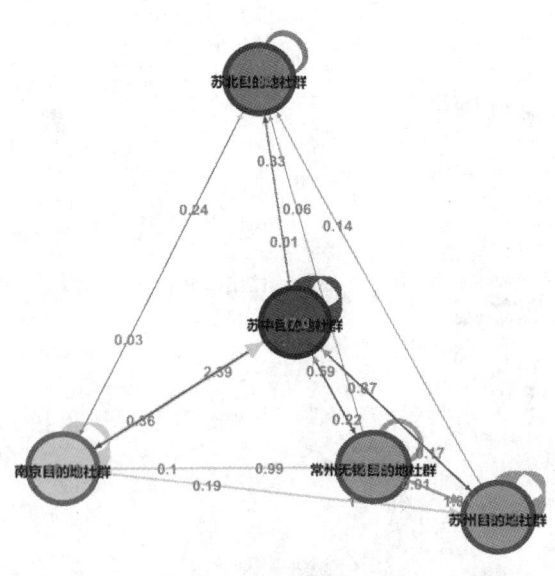

图 5-17 省内地区间旅游流交互网络强度

表 5-9 不同社群间平均联系强度

平均联系强度	常州无锡目的地社群	苏州目的地社群	南京目的地社群	苏中目的地社群	苏北目的地社群
常州无锡目的地社群	2.548	1.31	0.096	0.592	0.065
苏州目的地社群	0.011	18.118	0.195	0.866	0.145
南京目的地社群	0.986	0.995	16.131	2.392	0.243
苏中目的地社群	0.223	0.173	0.361	17.000	0.327
苏北目的地社群	0	0	0.027	0.009	0.882

江苏旅游流网络的社区间 $E-I$ 指数为 -0.176,在不同目的地区域间存在一定外向交互。根据表 5-10,常州无锡、苏中及南京目的地社群的 $E-I$ 指数值相对更接近于 1,这三个目的地社群的关系更趋向于发生在群

体之外,向其他目的地社群发展,特别是苏中淮扬地区,承担着网络结构的重要中介作用;而苏州、苏北目的地社群的 E-I 指数更接近 0,说明旅游流关系趋向于发生在群体之内。

表 5-10 不同社群间网络密度与分派指数

网络密度	常州无锡目的地社群	苏州目的地社群	南京目的地社群	苏中目的地社群	苏北目的地社群
常州无锡目的地社群	4.252	1.321	0.958	0.815	0.065
苏州目的地社群	1.321	18.935	1.11	1.04	0.145
南京目的地社群	0.958	1.11	13.857	2.413	0.268
苏中目的地社群	0.815	1.04	2.413	15.274	0.335
苏北目的地社群	0.065	0.145	0.268	0.335	1.763
E-I 指数	0.149	−0.009	0.274	0.435	0.037

5.3.3 目的地区域的网络特征分异

根据上文的社团检测结果进行分类,进而分析 5 个景区社团在网络结构指标和旅游客流上的差异。采用 SPSS 独立样本非参数检验(图 5-18),除了接近性与限制度外均在组间有显著差异(显著性水平为 0.05)。常州无锡目的地社群内按景区平均值,多目的地游客量明显较少,进而导致核心度值较低,限制性较高。苏北景区接待单景区游客量与苏中差距不大,而在多目的地游客量及网络重要性上有明显差异。随着距离超过 200 km 以上,苏北景区接受苏南等景区的游客扩散较少,而且内部交互较少,不能形成游客集聚热点或热门线路组合。

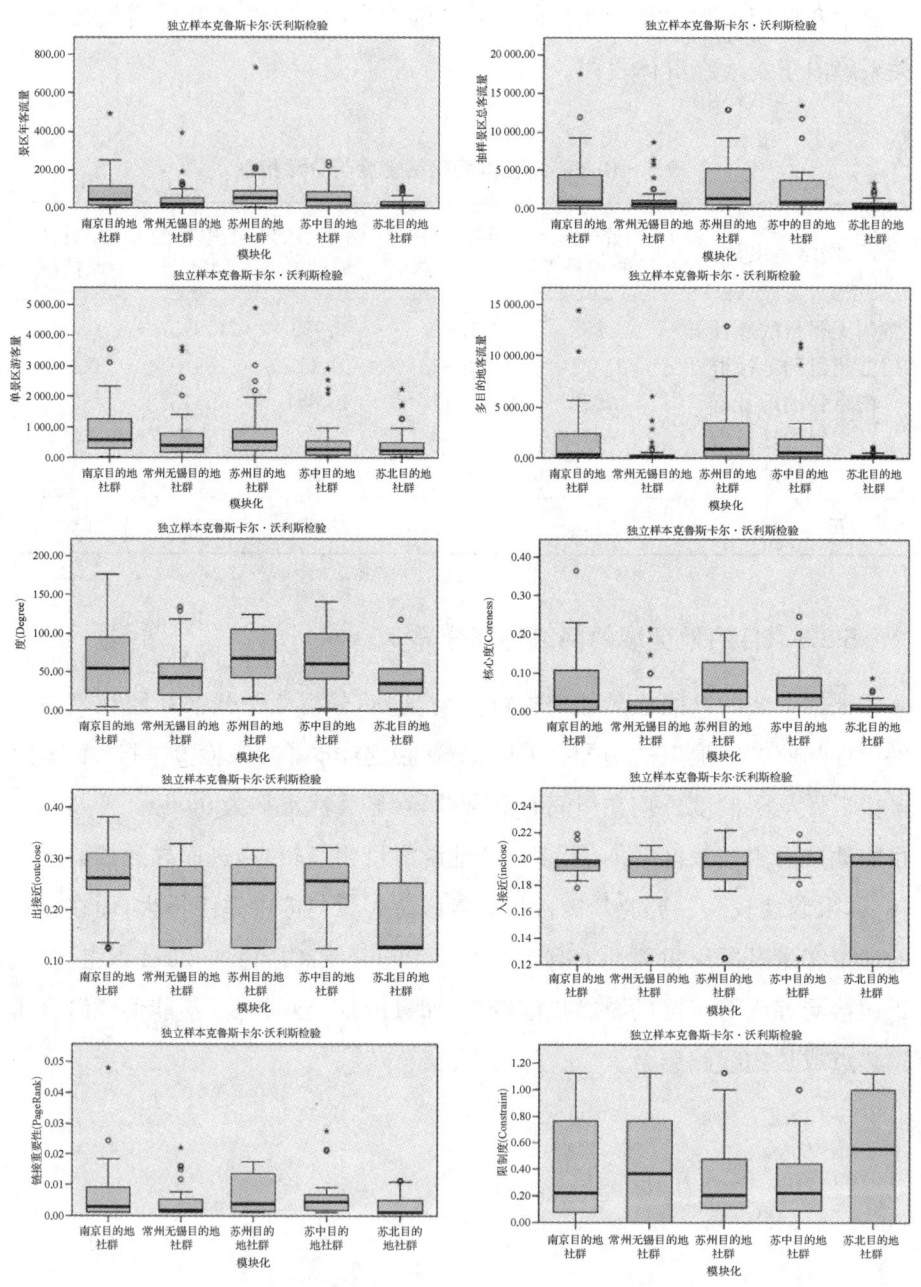

图 5-18 目的地社群网络组间均值分布

5.4 旅游流交互的局部结构特征

5.4.1 旅游流微观尺度网络模体分析

为了探究不同景区间旅游流的微观关联模式[49],本章节进一步利用模体(Motifs)分析方法对景区间客流关联网络中反复出现的小型连通子图(即模体)进行识别(表5-11),并判断哪些模体在关联网络中发挥了显著作用($P=1$,表示不显著;$P=0$,表示显著)[257,258]。

由于不同连通子图间可能存在重叠,模体频率的概念可分为3种,$F1$衡量网络中所有符合条件的连通子图,无论这些子图间是否存在重叠,$F2$允许连通子图共享节点但不允许共享边,$F3$则要求所有模体的节点以及边均不重合。P和Z值两个都是对统计显著性的度量,P是衡量该模体在网络中的重要性,是指随机网络中出现的次数大于真实网络中出现次数的概率。Z是用模体在随机网络中出现的次数减去模体出现次数的均值,再除以标准差。Z越大,模体在网络中越重要。

通过分析可见,模体F8R、F7F、GCR、FKX、GCX在目的地景区间的有向客流网络中出现频率最高,其中,F8R和FKX在整体旅游流网络关系中影响显著,对应的前5位景区均为夫子庙、瘦西湖、鼋头渚、灵山、中山陵。前4种模体均为单向关联,频率明显高于后序模体,显示在网络中扩散核心特征明显,主要旅游城市的主要景区是旅游流溢出的发出方或中转方;双向交互关联中,其中FMF和GQX虽然频率低,但存在显著影响,显示在局部网络中发挥了影响,在省域主要节点或城市内节点间互动也较为频繁。

为了更好地分析旅游流关联之间的结构特征,按景区等级(4A级或5A级景区)和景区所处的区域(江南或江北)分别分析局域网中模体特征(表5-12)。结果显示,4A级景区间客流网络中发现的模体类型明显小于5A级景区间网络,而F8R和FKX与整体网络类似,仍然发挥显著影响。较整体网络,5A级景区网络关联的前5景区与整体网络相似,表明5A级景区间的关联是整体网络关联的主干,仅增加了天目湖、茅山、吴中太湖进入;4A级景

表 5-11 多目的地旅游流空间关联模体分析

标签	F8R	F7F	GCR	FKX	F8X	GCX	IMF	FMF	GDF	GOX	JQF	GQX	K4F
模体													
$F1$ 频率	13 725	10 393	7 167	4 411	2 987	1 453	545	444	354	347	214	210	6
$F2$ 频率	427	407	432	278	35	34	31	34	37	17	21	17	3
$F3$ 频率	40	41	41	39	3	3	3	3	3	3	3	3	1
P 值	0	1	1	0	1	1	0.44	0.02	1	0.9	1	0.26	0.86
Z 值	6.41	0.00	0.00	24.83	−3.35	−6.20	0.15	2.11	−5.24	−1.26	−2.01	0.66	−1.02
前 5 位景点	夫子庙	夫子庙	夫子庙	夫子庙	夫子庙	夫子庙	夫子庙	夫子庙	夫子庙	夫子庙	夫子庙	夫子庙	中山陵
	瘦西湖	瘦西湖	瘦西湖	瘦西湖	中山陵	中山陵	中山陵	中山陵	中山陵	瘦西湖	中山陵	中山陵	夫子庙
	鼋头渚	鼋头渚	鼋头渚	鼋头渚	玄武湖	玄武湖	玄武湖	玄武湖	玄武湖	中山陵	瘦西湖	瘦西湖	玄武湖
	灵山	中山陵	个园	中山陵	瘦西湖	瘦西湖	瘦西湖	瘦西湖	瘦西湖	玄武湖	玄武湖	玄武湖	瘦西湖
	中山陵	灵山	山塘街	灵山	总统府	总统府	鼋头渚	总统府	总统府	鼋头渚	总统府	总统府	南京博物院

第五章　多目的地旅游流的复杂网络结构

表 5-12　多目的地旅游流空间关联模体分析（分景区等级）

	4A景区间				5A景区间								
标签	F8R	F7F	GCR	FKX	F8P	F75	FKX	GCR	F8X	GCX	IMF	GDF	FMF	GOX	GQX	JOF
模体	□→□	□→□	□→□	□→□	□→□	□→□	□→□	□→□	□→□	□→□	□→□	□→□	□→□	□→□	□→□	□→□
F_1频率	28 040	23 607	21 218	9 583	1 541	1 144	968	954	568	441	249	155	152	133	118	115
F_2频率	715	711	684	467	97	94	61	94	19	18	13	9	12	17	9	10
F_3频率	53	52	50	48	8	8	8	8	2	2	2	1	2	2	1	1
P值	0	1	1	0	0	1	0	1	1	1	1	1	1	1	1	1
Z值	0.51	0.49	0.49	1.65	7.05	5.98	0	−6.57	−6.91	−4.52	−4.61	−5.28	−5.4	−3.97	−5.77	
前5位景点	东关街	玄武湖	汉文化景区	东关街	夫子庙	夫子庙	夫子庙	夫子庙	夫子庙	夫子庙	夫子庙	夫子庙	夫子庙	夫子庙	夫子庙	夫子庙
	清名桥	南山	孙望山	清名桥	瘦西湖	鼋头渚	鼋头渚	鼋头渚	瘦西湖	瘦西湖	瘦西湖	中山陵	瘦西湖	瘦西湖	瘦西湖	瘦西湖
	秋雪湖景区	东关街	秋雪湖景区	汉文化景区	鼋头渚	天目湖	瘦西湖	瘦西湖	中山陵	中山陵	中山陵	瘦西湖	鼋头渚	中山陵	中山陵	中山陵
	山塘街	南京科技馆	个园	山塘街	中山陵	瘦西湖	天目湖	吴中太湖	鼋头渚	鼋头渚	鼋头渚	三国城水浒城	中山陵	鼋头渚	鼋头渚	鼋头渚
	平江历史街区	清名桥	平江历史街区	秋雪湖景区	天目湖	灵山	灵山	灵山	天目湖	鼋头渚	吴中太湖	各答茅山	天目湖	吴中太湖	吴中太湖	吴中太湖

表 5-13 多目的地旅游流空间关联模体分析(分地区)

标签	江南(江苏)												江北(江苏)			
	F8R	F7F	GCR	FKX	F8X	GCX	IMF	GDF	FMF	GOX	JQF	GQX	F8R	F7F	GCR	FKX
模体																
F1频率	39494	27068	24950	16970	7009	5718	2035	1806	1320	1181	1013	881	6532	6038	4995	2584
F2频率	636	681	659	456	68	66	57	34	50	77	41	33	342	336	333	223
F3频率	35	34	34	33	3	3	3	2	3	4	3	2	27	27	27	26
P值	0	1	1	0	1	1	1	1	1	1	1	1	1	1	1	0
Z值	15.57	0	0	22.15	−13.71	−15.4	−9.62	−6.2	−9.81	−22.68	−11.35	−6.22	9.43	0	0	19.29
前5位景点	鼋头渚	夫子庙	夫子庙	夫子庙	夫子庙	夫子庙	夫子庙	夫子庙	夫子庙	夫子庙	夫子庙	夫子庙	汉文化景区	东关街	孔望山	东关街
	灵山	灵山	山塘街	灵山	中山陵	中山陵	中山陵	中山陵	中山陵	中山陵	中山陵	中山陵	东关街	瘦西湖	汉文化景区	汉文化景区
	吴中太湖	鼋头渚	吴中太湖	鼋头渚	玄武湖	南京博物院	灵山	南京博物院	玄武湖	吴中太湖	南京博物院	玄武湖	秋雪湖景区	秋雪湖景区	东关街	孔望山
	吴中太湖	中山陵	清名桥	吴中太湖	南京博物馆	玄武湖	吴中太湖	玄武湖	南京博物馆	灵山	灵山	南京博物馆	瘦西湖	汉文化景区	瘦西湖	瘦西湖
	清名桥	吴中太湖	平江历史街区	清名桥	总统府	南京科技馆	鼋头渚	南京科技馆	总统府	鼋头渚	鼋头渚	灵山	云龙湖风景区	孔望山	潘安湖湿地公园	秋雪湖景区

区网络关联中,东关街、玄武湖、山塘街、清名桥等免费开放式高客流的城市内景区占据了前5位景区。

分地区来看(表5-13),模体F8R和FKX与整体网络类似,在江南江北均发挥显著影响;景区数量基本相同,江南模体类型更加丰富,虽然并未对整体网络有显著影响。

5.4.2 节点的局部结构重要性分析

景区参与围观网络模体的规模可以使用k丛表示。根据k-丛的概念,如果一个2-丛的规模为n,那么该丛中的成员就与至少$n-2$个其他成员有直接关系。如第一个丛中包含三个成员,那么其中每个成员都和至少1个其他成员有直接关系,其中k值越小,最小的小团体结点数越大则条件越严格。结合社群中样本量多在6—22之间,设置$k=2$及最小网络规模为6,共发现1 620个k丛;设置$k=2$,最小网络规模为10,共发现708个k丛;设置$k=2$及最小网络规模为15,共发现239个k丛。输出树状图并呈现主要景区如图5-19。夫子庙、狮子林、中山陵、拙政园四个景区在所有k丛中。共36个景区所在k丛大于1,表现出在旅游流网络中的优势。

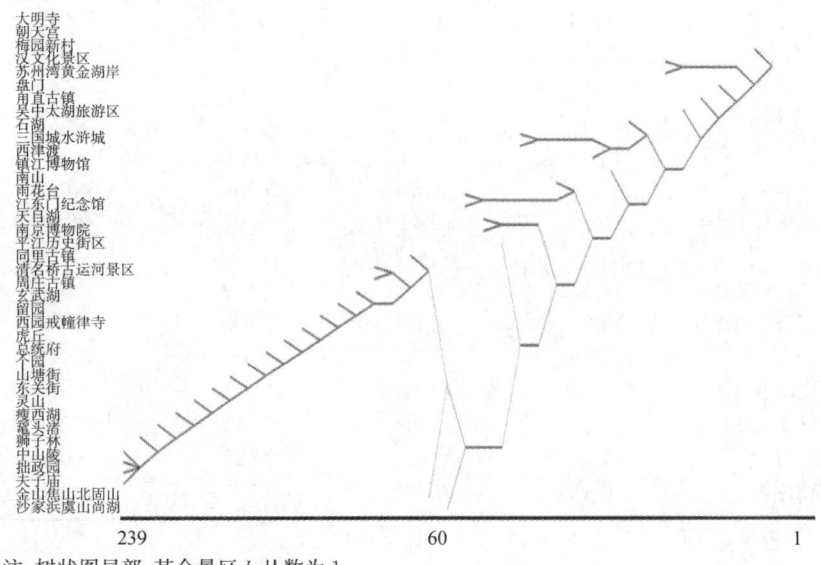

注:树状图局部,其余景区k丛数为1。

图5-19 旅游流网络节点k丛分析

使用结构洞可以衡量节点在微观网络结构中的传递特征。结构洞是指在一个节点向另一个节点传递信息的过程中必须经过的另一个节点,通常用来表征旅游网络体系中不同节点的同质性竞争程度,结构洞高的节点在社会网络中具有较大的竞争优势。通过 UCINET 软件计算出有效规模、效率、限制度和等级度 4 个指标数值。其中,效率和限制度作为其中最重要的两个指标,表征越高的效率和越低的限制度,反映出节点的结构洞优势越明显。

对不同景点的有效规模、效率及限制度进行统计分析后可知,夫子庙的效率最高(0.827),且限制度最小(0.044),反映出夫子庙存在非常明显的结构洞优势。从表 5-14 也可以看出,不同景点间的效率和限制度之间存在负相关关系,效率越高,限制度越低,有效规模及等级度相对越高。

表 5-14 旅游流网络节点结构洞指标

旅游景区	有效规模	效率	限制度	等级度
夫子庙	76.043	0.827	0.044	0.091
瘦西湖	41.871	0.675	0.07	0.099
中山陵	36.586	0.631	0.074	0.078
鼋头渚	34.333	0.636	0.078	0.083
拙政园	28.255	0.554	0.081	0.045
东关街	29.588	0.58	0.083	0.066
狮子林	28.255	0.554	0.081	0.045
灵山	26.404	0.562	0.086	0.062
总统府	24.043	0.523	0.09	0.05
个园	22.956	0.51	0.091	0.046
山塘街	19.095	0.455	0.094	0.032
西园戒幢律寺	15.974	0.41	0.102	0.026
留园	16.59	0.425	0.102	0.027
玄武湖	17.054	0.461	0.109	0.048
平江历史街区	15.216	0.411	0.108	0.03
清名桥	18.784	0.508	0.11	0.069
同里古镇	14.389	0.4	0.11	0.027
吴中太湖	15.629	0.447	0.115	0.037
南京博物院	14.412	0.424	0.118	0.039
周庄古镇	10.438	0.326	0.123	0.019

详见附录 B。

5.5 本章小结

本章在对大样本游客群体的移动模式进行总结的基础上,基于不同的目的地区域尺度(城市、区域、省域)分整体网络特征、网络社群特征、微观网络结构三个网络尺度进行了交叉分析,初步得出以下结论:

(1) 游客在江苏省的移动模式在空间上呈现旅游人次随多目的地线路距离而逐渐下降的指数型分布规律,在时间上则显示为 4 月份旅游客流人次偏多的特征。从流动长度来看,距离越长,人次越少;而对景点之间的关联规则进行挖掘则发现,5 月的关联较多,城市的必游景点之间相互吸引和关联程度较强。

(2) 江苏省的旅游流网络呈现复杂网络结构。在不同尺度上,江南地区为主要的旅游扩散区域,旅游密度较大,景点间联系较密切,而江北地区主要以扬州为扩散中心向北部景区扩散,密度较小。从城市来看,南京、苏州、扬州为主要的旅游扩散城市,呈现多核心的网络结构分布,城市旅游线路多且复杂。随时间的出游量和偏好变化,旅游流网络会随之产生结构变化,旺季使苏北苏中地区的网络联系加强,覆盖更广。

(3) 依据景点之间的模块化程度,将江苏的主要景区划分为 5 个社团,但社团之间的区域交互程度会受到距离的影响,距离近的社团之间交互程度较好,而距离较远的景区会存在于同一社团,体现了旅游流的跃迁扩散。

(4) 对旅游流网络进行微观特征分析,通过分析构建模体,对江苏省全省景点、江南江北景点间、4A 级与 5A 级景点之间的模体进行分析,发现模体 F8R 和 FKX 对旅游流整体网络影响最显著。通过结构洞分析节点在微观结构中的地位,发现夫子庙等景区具有非常明显的结构洞优势,具有较高的通达性和较小的限制性。

第六章 目的地旅游流网络交互机制

原有社会网络研究关注在网络中节点和边的关联性,而在实际的网络而非随机网络中,节点与边的关系还存在其他的社会、经济、文化以及时空的联系。从"节点"层次上,我们可以分析其景区作为旅游目的地的客流量的不同影响因素,而从网络最重要的"关系"层次上看,仍然没有解决其形成机制问题,有待进一步识别网络的特殊模体结构、景区类型及景区间空间距离等对旅游流网络关系形成的关键因素。在方法上,以往学界对于旅游流网络的实证研究多基于描述性统计指标(如中心度、集聚系数等)来分析一个观察到的网络有哪些基本的结构特征,对两种及多种关系的"网络与网络"的互动研究不足。而近年来,网络建模与统计推断技术的不断发展为旅游流网络研究提供了新的契机,让我们能更好地理解网络如何形成和相互影响等网络互动机制。本章我们以指数随机图模型进行节点—内生网络特征—外部网络的目的地网络互动机制综合推断。

6.1 多目的地旅游流网络的影响因素

6.1.1 旅游流网络特征与客流量相关性分析

使用相关分析可以发现(表6-1),客流量与旅游流网络的各结构指标间有显著的相关性。多种客流量与度、核心度值和链接重要性的相关性均较高,表明这3种社会网络指标具有广泛的应用性。景区游客量规模作为节点特性,往往被认为是在旅游流网络中扩散能力的主要指标。而与出流

表 6-1 网络节点特征与客流量相关性分析

皮尔逊相关性	度	核心度	出流接近性	入流接近性	限制度	链接重要性	景区年客流量	抽样景区总客流量	单景区客流量	多目的地客流量
度	1	.879**	.418**	.414**	−.209**	.822**	.626**	.748**	.581**	.719**
核心度	.879**	1	.450**	.295**	−.342**	.932**	.733**	.909**	.654**	.910**
出流接近性	.418**	.450**	1	.339**	−.171*	.393**	.295**	.376**	.326**	.359**
入流接近性	.414**	.295**	.339**	1	.142*	.304**	.161*	.248**	.230**	.226**
限制度	−.209**	−.342**	−.171*	.142*	1	−.279**	−.210**	−.277**	−.178**	−.290**
链接重要性	.822**	.932**	.393**	.304**	−.279**	1	.758**	.922**	.740**	.889**
景区年客流量	.626**	.733**	.295**	.161*	−.210**	.758**	1	.812**	.804**	.716**
抽样景区总客流量	.748**	.909**	.376**	.248**	−.277**	.922**	.812**	1	.796**	.963**
单景区客流量	.581**	.654**	.326**	.230**	−.178**	.740**	.804**	.796**	1	.609**
多目的地客流量	.719**	.910**	.359**	.226**	−.290**	.889**	.716**	.963**	.609**	1

注：年客流（省外，万人次）；抽样客流量（人次），下同。景区数量 $n=195$。
** 表示在 0.01 级别（双尾）相关性显著。* 表示在 0.05 级别（双尾）相关性显著。

接近性和入游接近性相关度分别为 0.295 和 0.161。景区总客流规模与其游客流出、流入的相关性较低,从一个侧面说明,对于网络和流动可能还存在其他因素的影响。首先需要考虑节点属性,特别是景区类型与等级的影响,继而是节点间距离对交互网络的影响。

6.1.2 景区类型与旅游流网络的关系检验

点—关系混合层次的假设检验可进一步细分为类别变量与关系变量之间关系的检验,即检验"点的离散性数据"与"关系之间的关系",以及连续变量与关系变量之间关系的检验,即检验"点的连续性数据"与"关系之间的关系"。基于对这个问题的考量,我们提出假设:不同类型间网络联系应更密切,即游客应更倾向于不同类别的线路组合形式。

景区节点度方面(表 6 - 2),人文类景区($n=122$)平均为 12.516,自然风景类景区($n=60$)为 6.1,主题类($n=19$)为 6.846;核心度值方面,人文类景区均值为 0.689,自然风景类景区为 0.344,主题类为 0.028,三种资源类型的网络指标差异较大。

表 6 - 2 景区类型—网络关系的方差密度模型

网络密度	自然	人文	主题
自然	0.637	1.452	0.840
人文	1.452	3.803	1.327
主题	0.840	1.327	3.987
$E-I$ 指数	0.427	−0.347	0.862
模型拟合	R^2	调整后的 R^2	概率
	0.104	0.104	0.0002
回归系数			
变量	系数	标准化系数	显著性
截距	0.941	0.000	0.999
类型(自然)	−0.622	−0.004	0.331
类型(人文)	2.670	0.031	0.001
类型(主题)	4.418	0.007	0.069

基于变量相似法(variable homophily)检验每个群体类型内部的关系

是否有别于其他关系。不同群体的两个节点(行动者)之间存在关联,平均数是 0.941,分组 1(自然类景区)之间的关联平均比 0.941 小 0.622(但差异不显著);分组 2(人文类景区)之间的关联平均比 0.941 大 2.670,且差异显著;分组 3(主题公园类景区)之间的关联平均比 0.941 大 4.418,且差异显著(在 0.1 水平下)。整体模型拟合效果显著,但 R^2 值较低,解释性较弱。

6.1.3 景区等级与旅游流网络的关系检验

区域目的地中空间行为模式特点是游客多选择高级别的旅游景区,而放弃地位、级别较低的旅游景区[259]。景区等级 5A 与 4A,在游客量方面有较大差异,与其标准要求有一定关系(评定标准要求 5A 级旅游区年接待海内外旅游者达到 60 万人次以上),但也有许多 4A 级景区游客量超过一般 5A 级景区。从景区等级上整体看,5A 级景区占据网络的中心位置,更容易获得游客和来自网络中流的支持。景区等级与其网络限制性的样本独立样本 t 检验关系显著(表 6-3)。

4A 级景区内网络密度 1.182,4A 级与 5A 级间密度为 4.537,5A 级景区内密度为 25.678。4A 级景区间 $E-I$ 指数为 -0.509;5A 级景区的 $E-I$ 指数为 0.574,在网络中处于中心扩散的位置。

表 6-3 景区等级的旅游流网络差异检验

		莱文方差等同性检验		平均值等同性 t 检验				
		F	显著性	t	自由度	显著性(双尾)	平均值差值	标准误差差值
度	假定等方差	.317	.574	−6.765	193	.000	−48.495	7.169
	不假定等方差			−6.156	28.261	.000	−48.495	7.878
核心度	假定等方差	30.744	.000	−7.295	193	.000	−0.084	0.011
	不假定等方差			−4.335	24.489	.000	−0.084	0.019
出流接近性	假定等方差	6.468	.012	−4.239	193	.000	−0.069	0.016
	不假定等方差			−4.298	30.098	.000	−0.069	0.016
入流接近性	假定等方差	9.887	.002	−2.415	193	.017	−0.015	0.006
	不假定等方差			−3.504	43.545	.001	−0.015	0.004

续 表

		莱文方差等同性检验		平均值等同性 t 检验				
		F	显著性	t	自由度	显著性（双尾）	平均值差值	标准误差差值
限制度	假定等方差	12.521	.001	2.178	193	.031	0.185	0.085
	不假定等方差			2.773	36.643	.009	0.185	0.067
链接重要性	假定等方差	29.202	.000	−7.414	193	.000	−0.009	0.001
	不假定等方差			−4.016	24.066	.001	−0.009	0.002
景区年客流	假定等方差	66.379	.000	−7.651	193	.000	−171.364	22.398
	不假定等方差			−3.096	23.184	.005	−171.364	55.347
抽样景区总客流量	假定等方差	40.609	.000	−6.049	193	.000	−4 642.197	767.386
	不假定等方差			−2.826	23.548	.009	−4 642.197	1 642.929
多目的地客流量	假定等方差	47.758	.000	−6.027	193	.000	−7 017.358	1 164.337
	不假定等方差			−3.032	23.787	.006	−7 017.358	2 314.140
单景区客流量	假定等方差	16.600	.000	−4.273	193	.000	−1 154.722	270.221
	不假定等方差			−1.935	23.460	.065	−1 154.722	596.634

基于变量相似法检验每个群体类型内部的关系是否有别于其他关系。整体模型拟合效果显著，但 R^2 方值较低，解释性较弱（表 6-4）。不同群体的两个节点（行动者）之间存在关联数的平均数是 4.885，分组 2（5A 级景区）之间的关联平均比 4.885 高 15.345（差异显著）。

表 6-4 景区等级—网络关系的方差密度模型

网络密度	4A 级	5A 级	
4A 级	1.182	4.537	
5A 级	4.537	25.678	
$E-I$ 指数	−0.509	0.574	
模型拟合	R^2	调整后的 R^2	概率
	0.201	0.201	0.015
回归系数			
变量	系数	标准化系数	显著性
截距	4.885	0.000	0.000
等级（4A 级）	−4.120	−0.041	0.000
等级（5A 级）	15.345	0.043	0.001

6.2 多目的地旅游流网络交互的距离作用

旅游流网络通常假设由扩散节点和接受节点构成的各条流之间相互独立,而未考虑目的地之间的相互影响。既有研究表明空间结构会对空间流产生显著影响,缺乏这一因素的传统空间相互作用模型必然存在变量遗漏的模型偏误问题,导致模型参数标定的偏误,参数空间分布自相关显著[260]。距离衰减规律在旅游流中广泛存在,而在整个网络中的衰减程度研究较少。在本节的研究中,基于"关系—关系"层次的假设检验,可以用来分析景区相互距离与多景区游线的旅游流复杂网络两种关系之间是否存在相关关系。

QAP(quadratic assignment procedure)方法通过对两个矩阵各个值(关系)进行比较,给出两个矩阵间的相关系数,通过矩阵置换的方式对系数进行非参数检验。该方法的难点在于这个相关系数是否具有统计上的意义。此时,QAP 使用一种重排法(permutation approach)来进行显著性检验。首先对两个矩阵中的一个矩阵的标签进行随机置换,然后重新计算它们的相关系数。这一随机置换计算的次数可以重复几千次,具体视矩阵大小而定。计算之后可以得到一个相关系数的分布。在"两个矩阵的相关关系是随机的"的原假设下,看一开始计算出来的相关系数是否落入拒绝域。当相应的比例小于 0.05 时,我们可以拒绝原假设,认为两个矩阵的相关关系不太可能是随机造成的。这个方法和非参数检验中 Bootstrap 的推断方法类似。

以旅游流网络和景区间距离两个矩阵的均值二分矩阵,然后进行 QAP 相关分析[93]。结果显示(表 6-5),旅游流网络和景区间距离两个矩阵之间相关系数的观测值为-0.204,而 5 000 次随机置换得出的相关系数均值为-0.000 3,观测值与随机置换均值二者之差是显著的;随机置换得出的相关系数最小值为-0.063 7,最大值为 0.053 3,其大于实际相关系数的概率为 1,小于实际相关系数的概率为 0.000 2,显著性水平为 0.000 2。表明在关系—关系层面,这两个矩阵是负相关的,且这种相关关系在统计学意义上显著,即距离对旅游流的衰减效应。

表 6-5 多目的地旅游流网络与相互距离的 QAP 相关分析

	值	显著性	均值	标准差	P 值 (Large)	P 值 (Small)
相关系数	−0.204	0.000	−0.000	0.018	1.000	0.000
简单匹配系数	0.322	1.000	0.370	0.007	1.000	0.000
Jaccard 系数	0.028	1.000	0.065	0.003	1.000	0.000
γ 系数	−0.674	0.000	0.001	0.071	1.000	0.000
汉明距离	27 548.000	1.000	25 555.786	397.794	0.000	1.000

6.3 多目的地旅游流网络交互的统计推断建模

实际上,任何一个现实网络都是该网络节点形成的所有网络可能中的一种特殊情况。景区作为网络中的节点,其类型、门票价格、区位、周边酒店等都可能对旅游流的扩散和吸纳造成影响,多种要素促成的景区间相互吸引,并被游客在其多目的地选择时选择。区别于常用的以差值矩阵构建对应协变网络的做法,我们使用指数随机图模型的目的就在于解释网络中的连接关系如何以及关系在多种因素的综合作用下为何会发生。

6.3.1 指数随机图模型的设定

ERGM 中的解释变量其实是一系列的网络结构统计量,这些网络结构统计量分别代表影响网络结构的某些局部结构或者局部关系构建构成。ERGM 可控制的网络结构统计量可涵盖以下内容:(1) 网络的自组织特征(network self-organization),也称之为纯结构效应(purely stuctural effect),包括网络边数或密度、节点活跃性(activity)、节点受欢迎程度(popularity)、互惠性(reciprocity)、闭合性(closure)等。(2) 与行为者属性相关的结构特征,如具有某种属性的节点的发出效应(effects of sender)、接收效应(effects of receiver)以及同配性(homophily)等。(3) 外部环境因素,如其他相关网络(如人文关系网络)和空间因素(如地理空间关系网络)等。其中,第一类结构变量是内生变量,因为它们都是由网络中关系自身来表示的局部网络结构统计量;而后两类结构变量则属于外生变量,它们是由网络关系自身之外的节点属性和其他关系网络来表示的网络结构变量。

对于 ERGM 进行估计主要使用的软件或程序有 PNet、SIENA[261]和 statnet 程序包(package)[262],statnet 及其衍生的程序包在 R 语言平台中可以完成网络数据调取、模型估计、模型诊断、模型仿真及其可视化等一系列过程[263]。为此,本研究所有的 ERGMs 的估计结果都利用 R 语言的 statnet、sand 和 ergm 程序包获得。

给定一个拥有 n 个节点的网络,其节点集合 $y=\{1,\cdots,n\}$,其中 $i \in V$ 表示节点 i 属于集合 V。以集合 J 表示节点集矿中所有节点对可能出现的所有关系,即 $J=\{(i,j):i,j \in V, i \neq j\}$。对于任何一个实际网络 $G=(V,E)$,网络中出现的所有关系集 E 其实都仅是集合 J 的一个子集。可针对 J 的元素 (i,j) 建立一个随机的变量 $Y(i,j)$,所有这种邻接矩阵的可能集表示为 Y,而这种关系变量可以置换到其中一个随机邻接矩阵的实现表示为 $y=[y_{ij}]$,然后可以用 $Pr(Y=y|\theta)$ 来表示在 θ 条件下网络 y 在可能集 Y 中出现的概率。

从而,指数随机模型就是使用指数族(exponential family)分布形式定义 Y 中元素的联合分布的一种模型[264]。ERGM 的一般形式是:

$$Pr(Y=y \mid \theta) = Pr(y) = \frac{1}{k} e^{\theta^T z(y) + \theta^T_a z_a(y,x) + \theta^T_b z_b(y,g)} \quad (6-1)$$

式(6-1)中,$z(y)(k=l,\cdots,p)$ 表示一系列可能影响网络中关系形成及组织构建的纯网络结构统计量,$z_a(y,x)$ 表示一系列与节点属性相关的网络结构统计量,$z_b(y,g)$ 则表示一系列与其他外部关系网络相关的网络结构统计量。与之相应,θ、θ_a 和 θ_b 分别表示纯网络结构统计量、节点属性相关变量以及与其他外部关系网络相关的网络结构统计量的估计参数向量,这些估计参数如能够通过显著性检验则说明该结构对网络关系的形成和组织构建具有重要影响。如果该参数的估计值为正(负),表明在控制了其他条件的情况下,网络中该种结构出现的概率比随机预期更多(少)。而 $k(\theta)$ 是一个分布的标准化常量,该参数主要用于确保模型具有适当的概率分布[265]。

6.3.2 指数随机图模型的构建

网络中边的存在概率与否被视为响应变量,与传统回归等方法不同的是,选择合适的网络结构统计量来设定 ERGMs 模型尤其重要,这些网络统计量包括边(二方关系)、三方关系(如,模体)以及多方关系(如,几何加权边共享伙伴 GWESP)。如果 ERGMs 中仅考虑有向边变量作为网络结构统计量,则这样的模型也称之为贝努力模型(Bemoulli model),这是 ERGMs 最为简单的形式。我们按照 ERGM 模型的一般形式,建立包括三个方面因素的综合模型:

(1) 以内生网络结构变量:在网络中个体间关系聚集性较高,在 ERGM 模型中涉及三角网络关系的各类参数以及更高阶的参数将可能使模型在估计时出现模型衰减的问题,导致参数估计无法收敛[262]。因此,本研究以多目的地旅游流有向网络的边数(edges)、互惠边(mutual)和出 2 星(ostar),建立基本的指数随机图模型。基于上文对网络结构特征和微观模体等的研究,我们假设:

H1:景区间关系存在正向的互惠性,即假设观测网络中的两节点 $i \to j$ 的关联,则 $j \to i$ 的概率也会提高。

H2:旅游流倾向于嵌入一方为扩散核心的三边结构中,即假设观测网络中的 i、j、p 三节点中两节点 $i \to j$ 的关联,则可能存在 $i \to p$。

(2) 节点协变量:模型中使用 nodematch(d)句法体现同质性(homophily)差异,节点的属性表示的是网络成员的个体特征,而节点属性的交互项则关注一个二元组中两个成员的互动特征,可以检验类型、等级、满意度等分类的不同影响。

在省域层面的景区分析中,既包含市区内人文景区,也包括郊外的休闲度假区,面积范围差异导致许多常用属性指标无法引入,如交通便利性方面的是否邻近高速或公交站、地铁站数量。因此,指标选择上以简化和概要的代表性指标为主,筛选景区旅游流的影响因素主要包括产品类型、知名度、距离、吸引力等。景区属性分为景区自身属性(以等级为主)和市场属性。景区等级以国家旅游局从旅游功能角度出发制定的《旅游景区级评定细则》

为标准,将旅游景区划分为 A 级到 5A 级五个级别,本次均为 4A 级及 5A 级景区。市场属性包括门票价格与其满意度评价。收集景区在携程网的在线网络评分和评论量。区位与配套方面,以景区周边邻近酒店数,以及高星级/豪华型酒店数量(通过百度地图获取)表示;区位条件以景区距离设区市所在市中心的公里数表示。基于上文研究,我们假设:

H3:热门景区间流动频繁,即游客总量多、网络评价多的景区间更容易促成多目的地流动。

H4:景区等级促进了旅游流扩散,即景区等级越高,就越可能成为旅游流扩散源。

H5:江北地区的景区被限制了旅游流扩散,即江北景区较难成为旅游流扩散源。

H6:景区类型内的旅游流动较低,倾向于多种类型的景区产品进行线路组合。

H7:门票免费有利于旅游流关联,而高票价不利于旅游流的关联。

H8:区位优越有利于扩散关联,即高星级酒店数量越多、距离市中心距离越近可以吸引游客出游。

(3)协变量网络:相对于以上网络结构统计量,ERGM 模型可以将网络变量纳入分析之中,以此直接考察不同类型的二元关系的相互依赖。本书关心的是相互距离网络和城市内网络对旅游流网络中关系的影响,这一部分称为协变量网络效应或者网络嵌入效应。通过协变量网络统计量可以检验网络节点间发生的关系是否是建立在其他关系的基础上,如果其估计参数显著为正,则表明在控制了其他关系生成条件的情况下,网络内部的关系和网络外部的关系倾向于共同发生或相互夹带,从而反映出外部网络关系对于网络中的关系建立具有重要的解释力和推动作用。结合上文分析,本书将同城关联、气象空间关联、地理空间因素作为网络协变量引入 ERGM 模型。我们假设:

H9:城市层面的同配性有利于旅游流扩散,城市内部景区关联的概率更大。

H10:景区间空间距离越小,形成旅游流关联的概率越高。

表 6-6　ERGM 模型变量选择及相关描述

	变量	描述及分类情况	假设预期效果
网络属性	边数	模型常数项,等价于网络密度	
	互惠边	网络节点间是否倾向于形成交互关系	+
	出 2 星	扩散到两个节点	+
节点属性	游客量	年游客量,按排序分为高中低三类	+
	等级	虚拟变量,1) 5A＝1;2) 4A＝0	+
	是否江北	虚拟变量,1) 江南＝0;2) 江北＝1	−
	类型	1) 自然景观;2) 历史文化;3) 主题游乐。是否具有相同属性的景区间更倾向于发生流动关系	−
	门票	门票价格,1) 免费;2) 低价,低于 80 元;3) 高价,超过 80 元	−
	满意度	1) 高满意:前 60;2) 低满意:后 140	+
	评价量	网络游客量,按排序分为高中低三类	+
	酒店量	高(前 60 位,$i \geqslant 4$);中(中 60 位,$1 \leqslant i < 4$);低(后 75 位,$i=0$)	+
	距市中心距离	距离所属市中心公里数,按排序分为高(大于 50 km)、中(18—50 km)、低(小于 18 km)三类	−
协同网络	距离网络	景区相互距离网络矩阵。空间网络中距离更近的节点是否更容易形成关系	−
	同城网络	景区间同一城市为 1,非同城为 0	+

6.3.3 模型拟合结果与机制分析

ERGM 模型拟合初始值的设定通常采用伪极大似然估计法,然后通过马尔科夫链蒙特卡洛(Markov Chain Monte Carlo,MCMC)参数估计法从所有可能实现的网络中选择一个网络,将该网络中的二元组随机选择实现从 0 到 1 或从 1 到 0 的转换,通过对比转换前后的网络考虑是否接受转换后的新网络,还是进行新一轮的二元组选择和转换。上述"提出—比较—决定"过程将重复进行,直至整个 MCMC 链全部完成[266]。

首先考察只包含边数、交互性、出 2 星(即模体中的 F7F)与各景区年游客总量的基准模型。旅游流网络中并不倾向于互惠性关联;出 2 星的微观模体结构则可能提高空间关联的形成概率。这些都表明,在江苏景区网络中是以某些核心景区的扩散效应为主。

其次在基准模型(1)的基础上,引入与多目的地旅游流直接相关的年游客量。如果两个景区的客流总量均处于高等水平,则内部关联概率增加约95%($e^{0.670}-1$);如果均处于中等水平,游线关联形成的概率将降低约23%。

表6-7中的模型(3)则在模型(2)的基础上控制了更多节点属性因素,包括景区等级、所属区域、景区类型、门票价格及满意度评价等因素。5A级景区较4A级景区增加约0.36倍($e^{0.307}-1$)的关联概率,显示出高等级对景区扩散的正向影响;江北地区的景区较江南减少约16%的关联概率。考虑更多因素后,客流总量均处于高等水平的关联不再显著,表明其可能受较多因素的综合影响。

最后考虑了同城网络效应和相互距离网络效应。模型(4)结果显示,随着景区间距离每增加1 km,关联概率降低约2%。同城间景区关联是非同城的1.66倍。通过比较AIC和BIC可以发现,模型依次逐渐优化。

6.4 本章小结

本部分首先结合$E-I$指数,分析了总客流量、景区等级、景区类型与目的地节点客流规模的相关关系。使用QAP方法进行了旅游流网络与节点距离网络的相关检验,最后,以指数随机图模型分析了节点属性—内生网络特征—外部网络的旅游流网络形成机制。

(1) 客流量与旅游流网络的各结构指标间有显著的相关性。多种客流量与度、核心度值和链接重要性的相关性均较高。不同类型景区间的两个节点(行动者)之间存在关联的平均值为0.941,人文类景区之间的关联平均会增加2.670,主题公园之间的关联平均会增加4.418。从整体景区等级上看,5A级景区占据网络的中心位置,更容易获得游客和来自网络的支持。5A级景区内两个节点之间存在的关联平均比4A级景区高15.345。

表6-7 ERGM模型选定及估计结果

网络效应模型	分类	模型(1) 基准模型 网络结构		模型(2) 结构+游客量 节点协变量		模型(3) 结构+属性 节点协变量		模型(4) 综合 网络协变量	
		估计值	标准差	估计值	标准差	估计值	标准差	估计值	标准差
网络结构效应	边数	-2.988***	0.020	-3.032***	0.024	-3.260***	0.073	-3.285***	0.075
	交互边	-0.629***	0.084	-0.643***	0.081	-0.946***	0.173	-0.873***	0.155
	出2星	0.037***	0.001	0.040***	0.000	0.033***	0.002	0.028***	0.001
行为者属性									
年游客量	高			0.670***	0.082	0.138	0.089	0.144	0.089
	低			-0.059	0.041	0.040	0.043	0.041	0.043
	中			-0.260***	0.031	-0.133***	0.034	-0.141***	0.034
5A级与否						0.307***	0.038	0.307***	0.038
江北与否						-0.148***	0.021	-0.150***	0.021
景区类型	风景					0.428***	0.054	0.432***	0.055
	文化					-0.111***	0.029	-0.107	0.029
	主题					-1.219***	0.211	-1.228***	0.213
门票价格	低价					0.008	0.032	0.011	0.032
	高价					0.493**	0.174	0.495**	0.174
	免费					-0.119**	0.039	-0.124**	0.039

续 表

网络效应模型	分类	模型(1) 基准模型 网络结构	模型(2) 结构+游客量	模型(3) 结构+属性 节点协变量		模型(4) 网络协变量 综合	
满意度	高			1.189***	0.088	1.180***	0.088
	低			−0.814***	0.038	−0.837***	0.038
	中			0.252***	0.044	0.236***	0.044
酒店量	高			−0.217***	0.053	−0.216***	0.053
	低			0.160***	0.041	0.160***	0.041
	中			−0.099*	0.044	−0.102*	0.044
评论量	高			1.500***	0.102	1.504***	0.102
	低			0.257***	0.045	0.253***	0.045
	中			−0.759***	0.038	−0.773***	0.038
距市中心距离	高			0.517***	0.205	0.465*	0.205
	低			−0.509***	0.038	−0.549***	0.038
	中			0.422***	0.057	0.432***	0.057
协变量网络							
距离网络						−0.020**	0.006
同坡网络						0.507***	0.046
AIC		38 679	38 515	35 630		35 504	
BIC		38 687	38 550	35 819		35 709	

(2) 基于"关系—关系"层次的 QAP 相关检验,旅游流网络和景区间距离两个矩阵之间相关系数为 -0.204,景区间距离对是否形成扩散关系有衰减作用。随着景区间距离每增加 1 km,关联概率降低约 2%。

(3) 使用指数随机图模式,解释网络中的连接关系如何以及关系在多种因素的综合作用下发生什么程度的变化。在网络结构的基础上,随着属性及其他网络因素指标的依次进入,拟合效果逐渐提高。旅游流网络中并不倾向于互惠性关联;出 2 星的微观模体结构则可能提高空间关联的形成概率,表明在江苏景区网络中,是以某些核心景区的扩散效应为主。如果两个景区的客流总量均处于高等水平,则内部关联概率增加约 95%;如果均处于中等水平,游线关联形成的概率将降低约 23%。同城间景区关联是非同城的 1.66 倍。

第七章 目的地旅游流影响因素与空间交互驱动机制

旅游流研究需要进一步完善方法模型,把更多的旅游流影响指标因子纳入建构到模型之中,提升研究的准确性,并纳入不同空间尺度的旅游流的过程[267]。目的地旅游客流及其在网络的位置受网络中节点属性的影响,也会受地理空间的影响。景区作为旅游流网络的节点,其在网络中的重要程度,是否存在与景区旅游客流一样的作用机制和相同的空间分异,是长期被忽视的问题。有必要将景区总客流、多目的地客流与旅游流网络位置指标进行同一模型下的对比分析。尤为重要地,在对省域目的地客流总体特征与内部旅游流网络进行多维分析的基础上,需要对区域旅游流的空间交互机制进行总结归纳。

7.1 旅游流空间交互引力模型的参数估计

牛顿引力模型的类比研究早已引入地理学研究领域和旅游等人文社会科学研究领域。主要是对其潜在联系进行估计,区域间牛顿引力模型相互作用的一般形式为[268]:

$$T_{ij} = K p_i^\alpha p_j^\gamma r_{ij}^{-\beta} \qquad (7-1)$$

式(7-1)中:T_{ij} 表示 i 与 j 两景区之间的空间作用强度;p_i 与 p_j 分别为两景区的年接待客流规模量度;r_{ij} 表示 i 与 j 两景区之间的大圆距离(本研究指各个景区之间的距离);α 和 γ 为规模参数;β 为空间阻尼系数;K 为归一化因子。

这个模型中 4 个核心参数需要估计,而在目的地间客流数据匮乏的时候,大多研究将前三个参数设为 1,仅考虑距离衰减特征的 β。也有基于威尔逊模型改进后，根据出游量积分法测算不同出游市场空间分割数据组合对应的空间阻尼系数[268]。

图7-1中展示了景区间流量与出游节点的年客流规模 Pi(lscomm)、入游节点 Pj(ltcomm)以及距离(ldis)的关系(坐标轴为双对数坐标)。散点图上叠加了简单线性回归拟合(虚线)和非参数平滑拟合(实线)的结果，对角线上是4个变量各自的密度图。

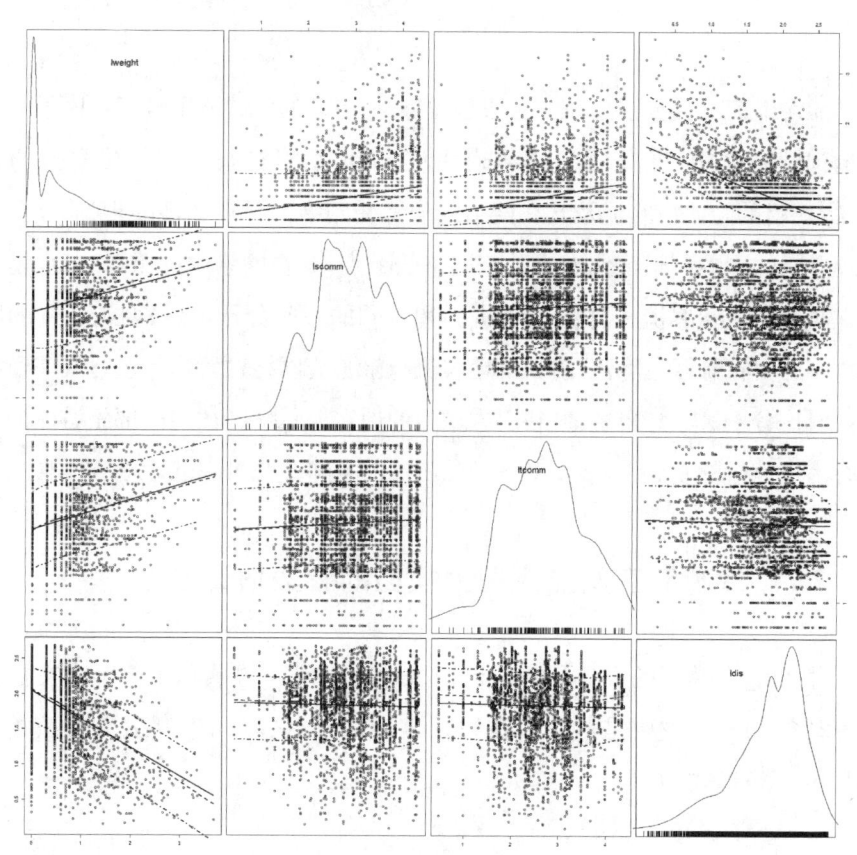

图7-1　目的地间旅游流交互量与距离关系

对图7-1中散点图进行观察，可见出游节点与入游节点以及距离之间存在较强的关系。而且该线性关系较好(一般最小二乘得到的中间虚线和非参数平滑得到的实线位置接近)。空间交互中，对于出游景区和入游景区规模而言是增函数,对于距离是减函数。使用 R 语言 glm 函数对交互流量拟合引力模型(formula.g),进行参数的极大似然估计。

表 7-1 空间交互引力模型的参数估计

	估计	标准误	Z 值	显著性
截距	1.297 386	0.026 569	48.83	<2e−16***
出游	0.767 032	0.005 92	129.57	<2e−16***
入游	0.886 029	0.005 298	167.24	<2e−16***
空间距离	−2.362 6	0.006 613	−357.28	<2e−16***

结果(表 7-1)可见,交互效应的参数估计显著。对应式(7-1)中 4 个参数,出游景区的客流规模系数(0.767)小于入游景区(0.886),距离衰减系数 β 为 2.363。图 7-2 展示了模型拟合值(fitted value)与观测的流量(Weight),具有较好的线性关系,在交互客流量更大时效果更好。

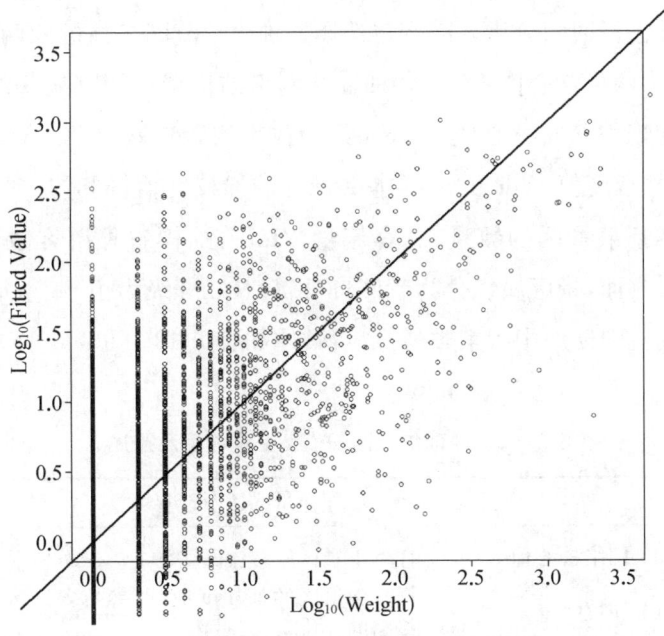

图 7-2 引力模型估计的流量拟合值与实际流量关系

7.2 目的地旅游流影响因素及模型构建

在对景区类型与等级的分类相关检验后,我们还需要关注到,主题公园大多收取门票(平均为91.0元),且高出其他两类景区平均水平20—30元。距离市中心方面,人文类($n=122$)平均为23.345 km,自然风景类($n=60$)为28.390 km,主题类($n=19$)平均为11.754 km。这表明景区某种属性对其旅游客流及在目的地网络的影响力是多方面和复杂的,因此需要建立多因素的回归模型进行拟合。全局空间自相关 Moran's I,存在显著的空间自相关,因此考虑空间计量方法引入[269]。空间不同方向呈现不同的衰减模式,空间集聚明显且局部地区具有变异,这为 GWR 模型的运用提供了客观基础,也为模拟结果的有效性提供了必要的保障。

7.2.1 变量选取

采用 GWR 模型,增加景区节点的空间属性,对节点的旅游流量和旅游流网络特性进行回归分析。因变量选择一种旅游流网络指标和两种旅游客流量,分别为网络核心值 Core:各种社会网络结构指标间有显著的相关性,选择以二元矩阵无向核心值 Coreness 为代表旅游流网络节点(景区)的网络中心性;加权度值 Wdegree:样本中景区的加权度值,同时是参与多景区线路的游客到某景区的数量;总客流量 Ytour:抽样省外游客景区到访人次。自变量方面,景区属性分为景区自身属性(以等级为主)和市场属性,与上文指数随机图模型中因素类似,变量具体如表7-2。

表7-2 地理加权回归模型变量体系及描述

特征分类		变量描述及计算方法	均值
因变量	1) 网络核心值	样本中景区旅游流网络的 coreness 值	0.040
	2) 加权度值	样本中景区的加权度值,即参与多景区线路的客流量,取对数	6.109
	3) 总客流量	抽样省外游客景区到访人次,取对数	3.164

续 表

特征分类		变量描述及计算方法	均值
景区属性	景区等级	仅包含 4A 级及 5A 级景区两类,分别设置为 1 和 3	1.120
	满意度评分	以携程网站数据进行标准化,叠加 5 分好评量占比(权重 30%),得到 10 分制的满意度评分	6.443
	网络吸引力	以携程网站数据中总评价量,表示景区的市场吸引力,取对数	5.789
区位配套	门票价格	使用携程网站常见折扣后价格(元),加 1 后取对数	2.366
	邻近酒店数	景区周边 5 km 范围豪华型酒店数量,取对数	1.035
	区位条件	以景区距离设区市所在市中心的公里数表示,取对数	2.578

7.2.2 模型构建

利用 ArcGIS 软件中的地理加权回归工具得到 GWR 模型回归系数,其中模型带宽采用 AICc 的方法,运用 Geoda 软件和 ArcGIS 软件计算得到 OLS 模型的相关参数[270]。根据式(3-1),GWR 模型中的 W_{ij} 空间权重矩阵由回归点与其周围观测点之间地理距离的单调递减函数值构成,可以采用不同函数形式,为避免个别样本点的邻近样本数据稀疏而造成的估计误差[271],本研究采用高斯(Gaussian)核函数确定权重:

$$W_{ij} = \begin{cases} exp^{-\frac{1}{2}\left(\frac{d_{ij}}{b}\right)^2} & d_{ij} < b \\ 0 & d_{ij} \geqslant b \end{cases} \quad (7-2)$$

式(7-2)中:d_{ij} 为两景区点 i 与 j 的欧式距离;b 为带宽,其大小直接影响 GWR 模型的空间变量。根据固定距离的最优带宽确定准则,采用常用的 AICc 法确定,即模型赤池信息量 AIC 最小则带宽最佳[220]。

通过 SPSS 20.0 的一般线性回归可以获得对三种因变量的各因素影响

的标准化系数(表7-3),方便对三个模型进行平行对比。对比可以发现,景区等级越高,对景区旅游流网络核心值和客流量有正向影响,且对网络重要性指标的影响更大。

表7-3 旅游客流量与游线网络指标影响因素

一般线性回归	游线客流网络核心值			加权度值			总客流量		
	标准化系数	t	显著性	标准化系数	t	显著性	标准化系数	t	显著性
(常量)	−21.645***	−5.068	.000	6.268*	2.457	.015	4.553***	3.791	.000
景区等级	.301***	4.542	.000	.228**	3.316	.001	.229**	3.150	.002
门票价格	−.176*	−2.618	.010	.076	1.253	.212	−.050	−.689	.492
满意度评分	.339***	4.123	.000	−.102	−.747	.456	.030	.325	.745
线上评价量	.044	.520	.604	.249*	1.862	.064	.176*	1.762	.040
市中心距离	−.129*	−1.983	.049	−.272***	−3.976	.000	−.233**	−3.184	.002
邻近酒店数	.193**	2.798	.006	.273***	3.869	.000	.188*	2.443	.015
Adjusted R^2	.454			.398			.375		

注:*** 为0.001显著性水平;** 为0.01显著性水平;* 为0.1显著性水平。

门票价格会降低在旅游流网络中的核心度和总体接待的游客量,但在加权度(多目的地客流量)方面可能存在微弱正向影响。这表现了价格因素对旅游流影响方面的复杂性:一方面是近几年来免费景区增多,很多知名度较高的景区,比如玄武湖、钟山风景区,能吸引大量的游客量;另一方面,高票价景区往往具有较强的市场竞争力,并不完全是游客的限制因素。

满意度对景区旅游流网络核心值有显著正向影响,对客流量影响不显著。知名景区并不是完全竞争性的市场主体,知名度和垄断资源对客流有非常大的贡献。网络评价量代表的景区吸引力指标对客流量有正向影响,其中,对多目的地游线客流的带动更大,而对景区在网络中的节点重要性影响不显著。

交通区位条件方面,旅游流随景区距离市中心越远而降低,对游线客流影响更大,各城市市中心区域的游线联系更为频繁。邻近高等级酒店数代表了景区周边区域内旅游服务设施的水平,结果显示对各旅游流变量均为正向影响,对游线客流有更强影响,超过了景区等级的影响系数。

在 Geoda 的 OLS 分析中发现(表 7-4),满意度评分因与在线吸引力存在一定程度的共线性问题(VIF>5),因此选择排除满意度评分,不再纳入 Geoda 的 OLS 和 GWR 分析。

表 7-4 旅游客流 OLS 模型与 GWR 模型拟合结果比较

因变量	客流网络节点核心度值		客流加权度值		总客流量	
模型	OLS	GWR	OLS	GWR	OLS	GWR
Residual Squares	383.982	315.787	3 035.178	2 281.979	1 607.847	995.098
ML based Sigma	4.437	4.024	3 945.252	3 420.886	90.804	71.436
AICc	1 151.295	1 140.248	3 799.465	3 785.442	2 327.780	2 284.736
CV	23.265	22.946	187.428	167.465	104.231	92.879
R^2	0.484	0.576	0.536	0.651	0.395	0.625
Adjusted R^2	0.465	0.517	0.519	0.584	0.372	0.543
Best bandwidth size		98.067		83.655		75.881

注:使用的最佳带宽大小(Best bandwidth size)方法为黄金分割查询(Golden section search)。

综上表明,在 GWR 模型中调整后的 R^2 值均高于 OLS 模型,解释性均有所提高。GWR 模型对空间非平稳数据进行模拟,较为有效地解决了"平稳性假设嵌入"问题[271],比 OLS 模型更能精确地模拟数据的空间变异。

GWR 模型对每一个空间单元的旅游流影响因素都进行局域的五分位回归分析,每个参数估计值都有最大值、最小值,与 OLS 所得出的只有一个"全域"或者"平均"意义上的估计值相比,则存在较大差异。结果显示(表 7-5),GWR 估计的各个解释变量对每一空间样本点的旅游流因变量都有一特定的参数值,也就是说,不同分位点的回归拟合估计值的差异比较显著,从分位数角度直观地说明了省域景区旅游客流的影响因素存在一定程度的异质性。

表 7-5 旅游流影响因素的 GWR 参数估计结果(分位估计)

	变量	1/4 四分位	中间值	3/4 四分位	均值	标准差	全局
游线客流网络核心值	截距	−6.813	−3.179	−1.255	−3.969	3.307	−4.205
	景区等级	6.065	6.380	7.151	6.551	1.402	6.340
	市中心距离	−1.239	−0.891	−0.646	−0.919	0.352	−0.839
	线上评价流量	0.612	0.865	1.244	0.814	0.568	0.926
	邻近酒店数	−0.320	0.238	0.857	0.299	0.665	0.422
	门票价格	−0.762	−0.453	−0.264	−0.491	0.517	−0.597
客流网络加权度值	截距	3.147	3.270	3.339	3.282	0.192	3.251
	景区等级	1.052	1.170	1.318	1.172	0.157	1.211
	市中心距离	−0.390	−0.379	−0.348	−0.371	0.045	−0.366
	线上评价流量	0.200	0.242	0.298	0.248	0.052	0.245
	邻近酒店数	0.267	0.312	0.392	0.328	0.096	0.334
	门票价格	−0.054	0.001	0.048	−0.003	0.058	−0.005
总客流量	截距	4.678	4.696	4.828	4.750	0.107	4.803
	景区等级	0.997	1.066	1.119	1.054	0.073	1.073
	市中心距离	−0.271	−0.237	−0.232	−0.249	0.023	−0.262
	线上评价流量	0.174	0.185	0.187	0.181	0.007	0.172
	邻近酒店数	0.275	0.293	0.305	0.289	0.025	0.272
	门票价格	−0.065	−0.061	−0.058	−0.060	0.007	−0.051

7.3 旅游流影响因素的空间分异模式

GWR 模型的一个优势是参数估计下产生的空间模式能够图形化,将各参数放入 ArcGIS 中可视化,各属性对旅游流影响强度的空间模式如图 7-3 所示。GWR 模型拟合的解释度方面,省域各景区 3 种因变量的局部 R^2 在 0.3—0.7 之间,多目的地客流量略低。总体上都存在苏南地区拟合效果低、而南京及苏中地区高的特征,而且分布上存在分次级区域趋同的特征。

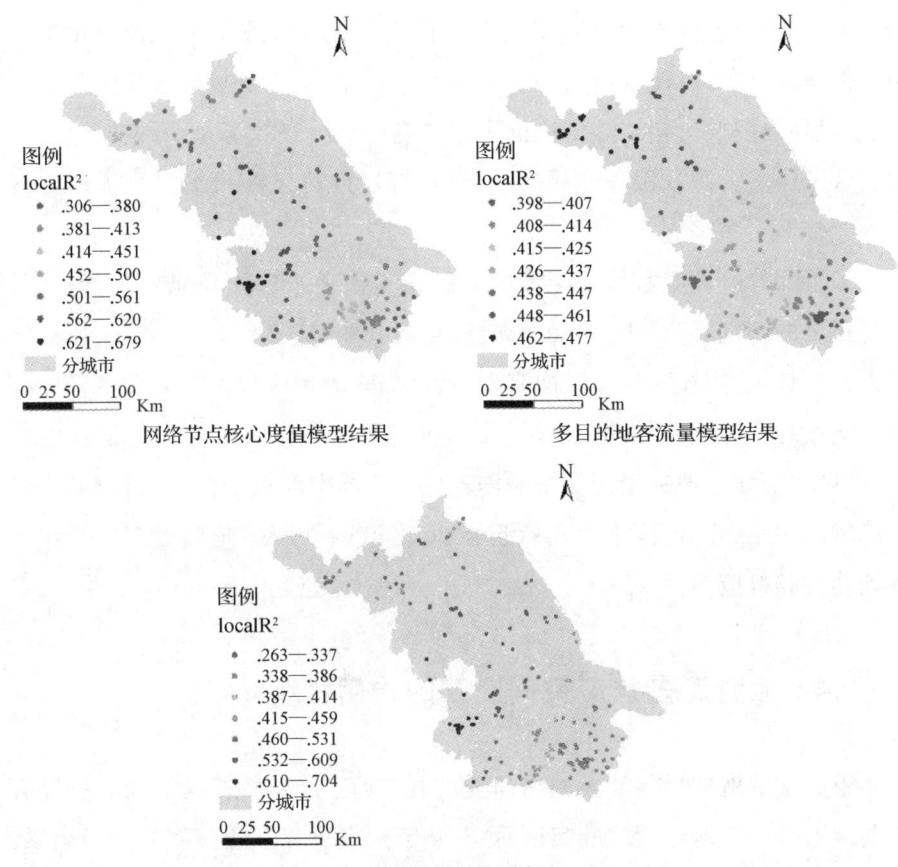

江苏省自然资源厅　监制
审图号:苏S(2019)023号

图 7-3　GWR 模型拟合局部 R^2 空间分布

多目的地客流量在苏北地区的拟合度较高,表明苏北景区游线客流会更多考虑区位、设施等客观因素影响,规律性更强。

景区等级方面,影响对旅游流网络地位和客流量呈现两种空间分布趋势(图7-4)。提高景区等级,对年客流量和线路客流量的影响从江苏南部到北部依次降低;而旅游流网络中,是以南京为核心,从东向西减弱。客流规模巨大的苏南地区景区的网络地位受等级影响较弱,客流规模有限的沿海地区,国家5A级景区的带动提升也有限。

门票价格总体是负向作用,以南京为代表的大部分地区游客出游仍然受门票价格影响(图7-4)。徐州、宿迁、连云港三市的景区客流受门票价格影响较小,但可能的原因是客流规模较小,相应削弱了在旅游流网络中的地位。但是,门票对苏南及南通地区的多目的地客流量和网络核心值是正向影响,表现出门票价格对旅游流的多样影响。高门票除了是一种花费成本,也反映了旅游资源或服务的品质,综合计算后性价比在市场潜力大的地区反而能带来更多客流。

邻近高等级酒店数量和距市中心距离是代表景区区位条件的指标,虽然是正负的区别,但对旅游流的影响的空间分异趋同(图7-5a,c)。所处区位条件优势,能明显提高位于南京、徐州及苏南的相应景区的客流规模。在线评论量对旅游流的影响(图7-5b),在空间上表现出东西向的层次性特征,省域北部和南部的景区受影响均较少。江苏中部较受网络关注的影响,可能的原因是中部地区旅游发展起步晚,区域内景区多是最近二三十年内逐渐建设和打造的。

7.4 旅游流多尺度空间交互的作用机制

根据旅游地理学与社会网络研究的相关理论,本书进行了江苏省域客流与区内多目的地旅游流的实证研究,基于相应研究方法模型的分析结果,可以综合分析目的地空间交互作用的机理[148](图7-6)。

1. 旅游流空间交互受客源地与目的地外部的潜在影响

省外游客与省内游客在旅游偏好上不同,不同省外客源地因其所处方

第七章 目的地旅游流影响因素与空间交互驱动机制

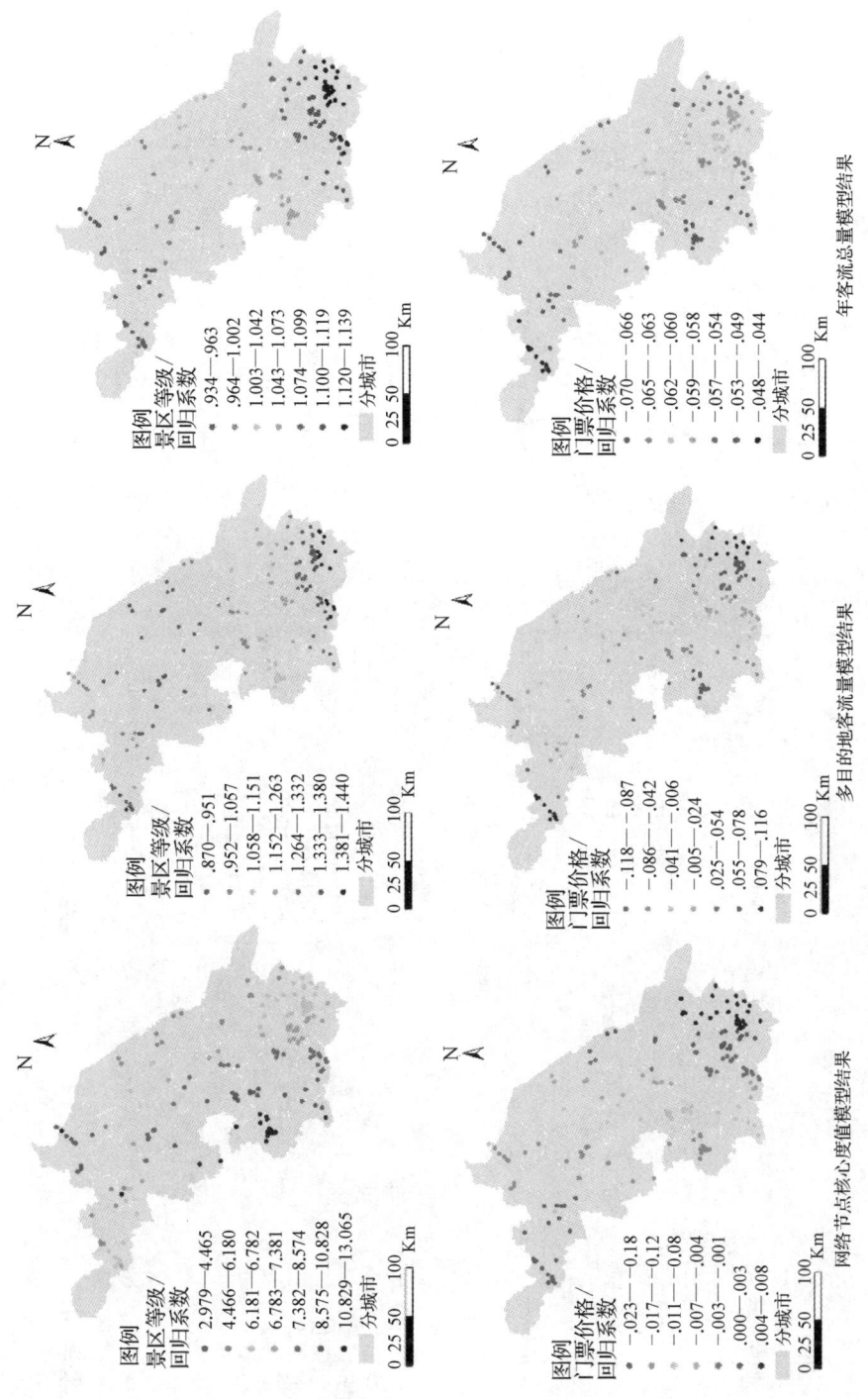

图 7-4 GWR 模型等级与门票价格回归系数空间分布

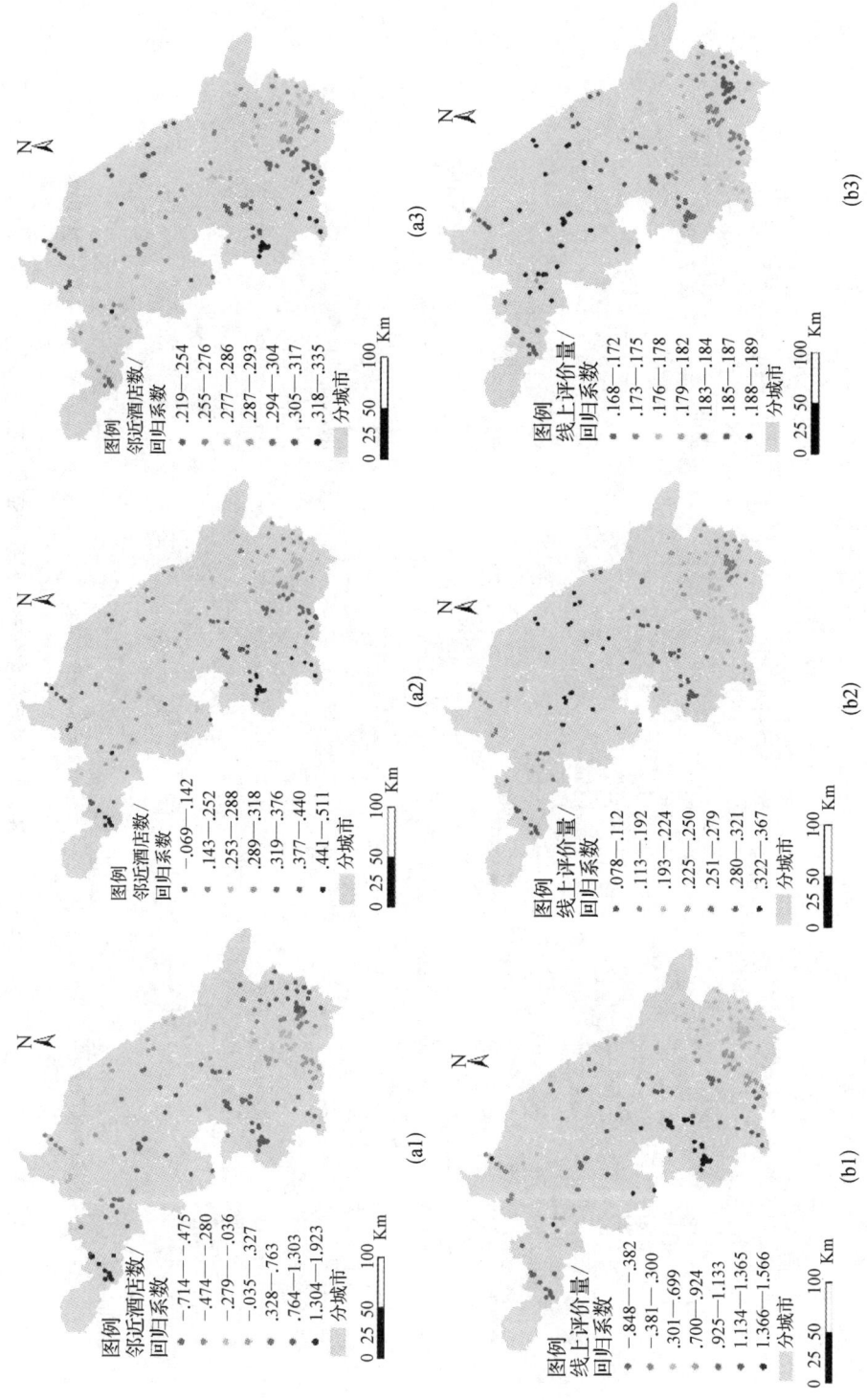

第七章 目的地旅游流影响因素与空间交互驱动机制

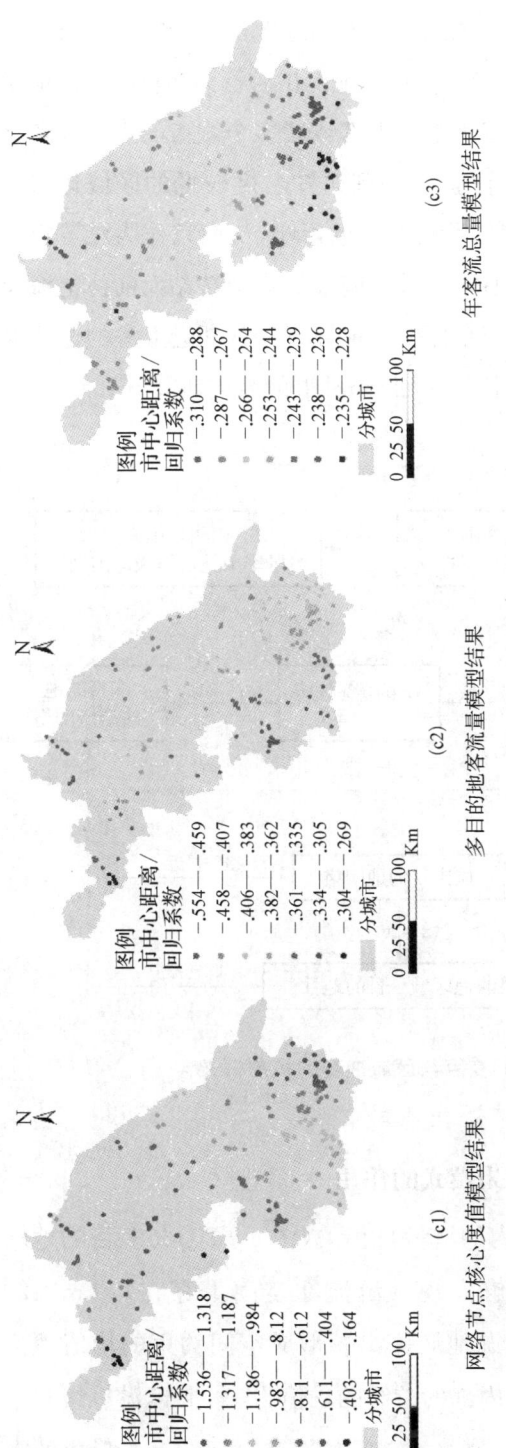

图 7-5 GWR 模型区位回归系数空间分布

位和交通条件,也在省级尺度的广大范围内对不同地区,特别是边界地区,存在差异化的空间影响特征。不同客源地在目的地的出游行为和目的地间的交互有所不同,远距离客源更集中于城市主城内部或者多个城市的主要知名景区间,近距离客源才会在区域内广泛扩散并到访知名度较低的区域化目的地[67]。此外,受上海作为更大尺度旅游目的地的影响,与南京作为江苏重要旅游扩散地的交互影响,江苏省外游客会选择南京作为中转站而前往上海及其周边景区,或由上海返回途中在南京停留。这导致部分邻近上海的苏州景区与南京的联系更为紧密,成为南京旅游流网络社群的组成(图 5-16)。

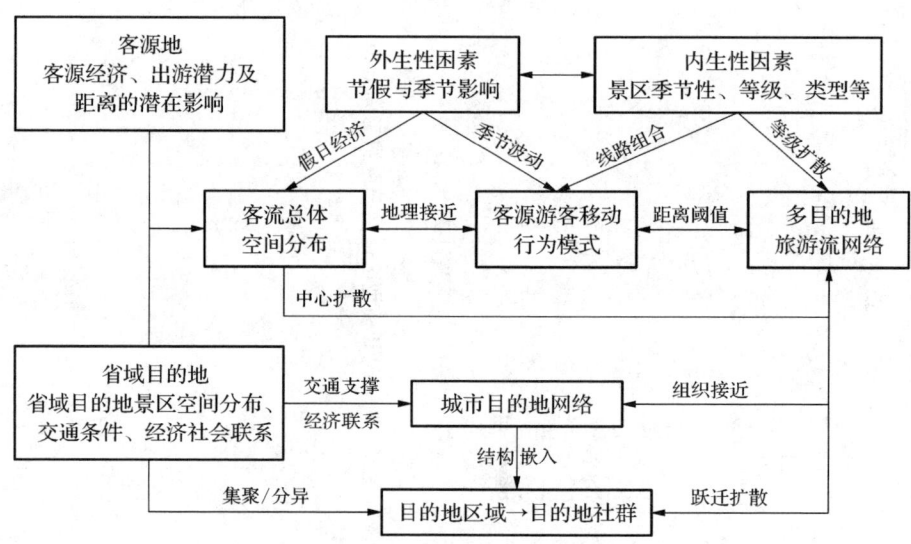

图 7-6 旅游流空间交互与区域嵌套的机制框架

2. 旅游流空间交互受移动行为模式的作用

通过旅游流规模在省域空间内的增量自相关(图 4-20)与多目的地旅游线路行为模式研究的对比,能够发现旅游流在空间上存在 75 km、120 km、200 km 等数个距离阈值。客源地居民出游形成空间约束的均值理论上是 300 km[268],在省级区域尺度内部的游线的均值为 120 km,游客线路平均长度是 60 km。这是游客受景区外部的交通条件和时间约束等形成的基础特征,是景区间和区域间旅游流交互的基础性条件。现阶段仍以公路为主要的景区间扩散的交通方式,游客在目的地内部的移动步长仍然受限,高铁等交通方式的完善有助于跨城中远距离的移动,待全省高铁网络逐步建成后将呈现更丰富的跃迁扩散效应。

3. 景区属性与季节因素的空间分异影响

旅游景区在等级上和客流规模上的差异造成景区间的等级扩散效应(表6-3),通过引力模型,还进一步地发现,出游景区的客流规模系数小于入游景区(表7-1),即下一站景区的吸引力是旅游流方向更重要的因素。不同类型组合有关系但相对较弱,这与本次主要研究的是高等级景区有一定关系,在一般旅游线路中通常包含度假区、乡村旅游点等其他类型的组合。景区价格、周边旅游配套服务水平等因素也对景区旅游客流和其交互网络地位有显著影响,通过地理加权回归分析还可以发现,景区自身属性与市场、区位属性,对于旅游流交互的影响是综合作用和空间分异的,差异主要体现在不同的目的地区域间。

4. 旅游流网络与多层次网络嵌入

基于大数据平台提供的城市间互访的景区游客和包含游客的全类型人员(访客)流动数据,对比两种网络的结构(图7-7)。两种网络特征相似,不同的是旅游客流方面,南京较城市间总体访客互访更体现为扩散中心,常州旅游流与无锡苏州的联系、苏北五市间旅游流弱于经济社会联系。处于旅游资源富集区的城市,基于交通等综合优势,也是旅游流扩散和集聚为目的地的核心。南京都市圈及苏锡常经济区的影响是形成南京、苏锡目的地区域/社群的重要因素。

景区尺度的多目的地在城市或资源富集区形成集聚区域,旅游流网络嵌入城市网络,与城市地位相结合。一个或多个城市目的地整合融入成为省域内部的次级目的地区域,更好地适应多目的地旅游流的扩散和选择。

旅游景区是城市目的地的主要组成,也是旅游流网络的微观基础。不同尺度间网络存在嵌入性(Embeddedness),Dicken 和 Thrift 将其引入经济地理学用来强调地理和组织的不可分开性[272]。景区间网络在城市目的

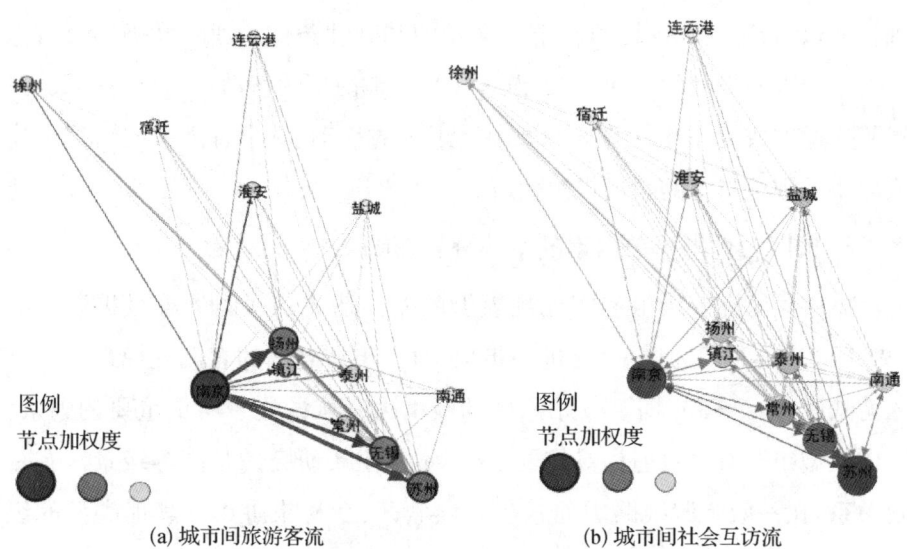

(a) 城市间旅游客流　　　　　(b) 城市间社会互访流

图 7-7　城市间旅游客流与社会互访流动网络结构对比

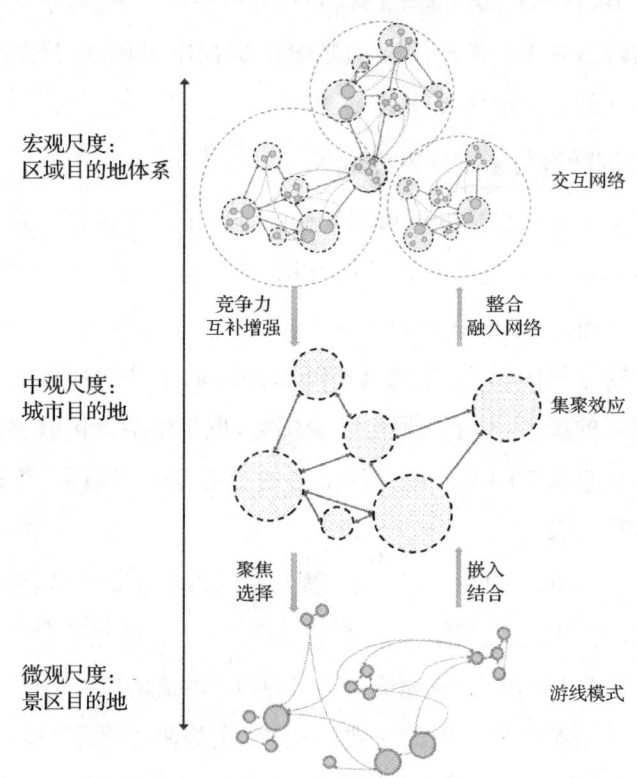

图 7-8　城市网络与景区旅游流网络的多尺度交互嵌入
资料来源：根据参考文献[223]修改。

地网络之中得以集聚发展,嵌入到城市间网络之中;城市网络则是由各种景区(行动者)通过不同的行动联系在一起的。城市又因所处都市圈或经济区域,其间的旅游景区也在一定区域形成区域目的地(或目的地区域)(图7-8)。按景区目的地旅游流网络、城市目的地网络和目的地区域网络三个层次,分析不同尺度下的旅游流网络结构。

7.5 本章小结

本章构建 OLS 和 GWR 模型,结果表明目的地旅游客流及其在网络的位置受网络中节点属性的综合影响,这些因素的影响是空间分异的。

(1)基于 OLS 的标准化系数对比可以发现,景区等级越高对景区旅游流网络核心值和客流量有正向影响,且对网络重要性指标的影响更大。门票价格会降低景区在旅游流网络中的核心度和总体接待的游客量,但在多目的地客流量方面存在微弱正向影响。满意度对景区旅游流网络核心值有显著正向影响,对客流量影响不显著。网络评价量代表的景区吸引力指标对客流量有正向影响,其中,对多目的地游线客流的影响更大,而对景区在网络中的节点重要性影响不显著。旅游流随景区距离市中心越远而降低。景区周边区域内旅游服务设施的水平对各旅游流变量均为正向影响,其中对游线客流有更强影响。

(2)省域各景区3种因变量的 GWR 模型拟合的局部 R^2 在 0.3—0.7 之间。总体上都存在苏南地区拟合效果低,而南京及苏中地区高的特征,而且分布上存在分次级区域趋同的特征。多目的地客流量在苏北地区的拟合度较高,表明苏北景区游线客流会更多考虑区位、设施等客观因素影响,规律性更强。提高景区等级,对年客流量和线路客流量的影响从江苏南部到北部依次降低。

(3)综合梳理了省域景区时空格局、多目的地移动行为模式和景区不同属性特征对旅游流空间交互的作用机制。旅游流空间交互受客源地与目的地外部的潜在影响,受旅游移动行为模式的作用,在景区属性与季节因素的空间分异影响下,交互嵌入到城市网络之中,形成省域内的不同目的地区域。

第八章 案例研究的学术价值与展望

8.1 案例研究的结论

本研究利用江苏省2017年204家4A级及以上旅游景区的手机信令漫游监测大数据等多种来源的数据以应对日益复杂的客流动态。首先分析了省域入游客流总量的景区位序规模特征、季节特征与空间格局。基于省域内多目的地客流的移动模式、关联规则与扩散的时空分异特征,揭示旅游流空间交互作用与客流扩散的动态规律;通过多目的地旅游扩散流复杂网络的拓扑结构、区域分异与关联性特征,对区域旅游流网络的形成和演化动力进行相关分析、QAP网络相关分析,并采用指数随机图模型进行交互网络的综合考察。本研究还对影响旅游流的因素进行 OLS 回归分析和 GWR 地理加权回归分析,研究旅游景区客流量与网络重要性的影响程度差异及其空间分异,进而对定量研究结果进行归纳总结,探索得出旅游流复杂网络形成和演化的规律与机理。通过研究得出的主要结论如下:

(1) 江苏省域内旅游景区的客流位序—规模特征方面,省外客源的旅游流分布较省内客源差异大,更符合首位型分布特征。景区客流规模在苏北、苏南呈现逐渐强化的不规则帕累托分布,苏北表现出更强的长尾效应,苏中较为均衡。结合季节性差异、基尼系数、泰尔系数、季节性比率,对省域景区旅游客流规模的季节差异及特征进行了分析。景区客流量的不同月度变化导致景区间客流的均衡性不同,气候的季节性与长假效应会导致部分区域或核心景区游客量集中。全省客流整体的季节性不明显,具体景区间分化差异明显,游客量少的景区季节波动性更大。全年整体在西北—东南方向随季节迁移,部分地区旅游旺季和黄金周出游高峰等对旅游重心有明显影响。

(2) 不同客源或出游模式的游客在出游偏好地域及距离尺度上存在空间性差异,单目的地省外游客在江苏省域的分布与省内游客分布相似;多目的地省外游客的空间分布与全年省外客流情况类似,而范围较单目的地省外游客更加集中。根据增量空间自相关分析结果,旅游流空间交互的敏感距离尺度为 75 km 与 125 km。针对大量样本的游客移动模式的分析可以发现,旅游人次会随距离逐渐减少,在 80 km 和 200 km 附近的游客量较多;多景点的旅游线路总长在 80—100 km 与 200—210 km 之间是较为重要的线路长度阈值。节假日等出游旺季会增加线路的类型,并在一定程度上突破出游距离的限制。

(3) 省域旅游流网络呈现复杂网络结构。江南地区为主要的旅游扩散区域,旅游密度较大,景点间联系较密切,而江北地区主要以扬州为扩散中心向北部景区扩散,密度较小。从城市来看,呈现多核心的网络结构分布。随时间的出游量和偏好变化,旅游流网络会随之产生结构变化,旺季使苏北苏中地区的网络联系加强。依据景点之间的模块化程度,将江苏的景区划分为 5 个社团,但社团之间的区域交互程度会受到距离的影响,距离近的社团之间交互程度较好,而距离较远的景区也可能会存在于同一社团,体现了旅游流的跃迁扩散。景区客流量与其在旅游流网络的各结构指标间有显著的相关性,多种客流量与度、核心度值和链接重要性的相关性均较高。

(4) 景区等级、相互距离和微观网络结构影响旅游流关联的形成。从景区等级上整体看,5A 级景区占据网络的中心位置,更容易获得游客和来自网络中流的支持。基于"关系—关系"层次的 QAP 相关检验,旅游流网络和景区间距离两个矩阵之间相关系数为 -0.204,景区间距离对是否形成交互关系有衰减作用。微观网络结构方面,模体 F8R 和 FKX 对旅游流整体网络影响最显著,部分景区有明显的结构洞优势,具有较高的通达性和较小的限制性。旅游流网络中并不倾向于互惠性关联;出 2 星的微观模体结构则可能提高空间关联的形成概率,表明在江苏景区网络中,是以核心景区的扩散效应为主。如果两个客流规模较高的景区间,均处于高等水平,则内部关联概率增加约 95%;如果均处于中等水平,游线关联形成的概率将降低约 23%。同城间景区关联是非同城的 1.66 倍。

(5) 省域景区时空格局、多目的地移动行为模式和景区不同属性特征共同影响旅游流空间交互,城市网络与旅游流网络通过交互嵌入,形成省域内的目的地区域。景区等级越高对景区旅游流网络核心值和客流量越有正向影响,且对网络重要性指标的影响更大。门票价格升高会降低景区在旅游流网络中的核心度和总体接待的游客量,但在多目的地客流量方面存在微弱正向影响。满意度对景区旅游流网络核心值有显著正向影响,对客流量影响不显著。网络评价量代表的景区吸引力指标对客流量有正向影响,其中,对多目的地游线客流的影响更大,而对景区在网络中的节点重要性影响不显著。旅游流随景区距离市中心越远而降低,景区周边区域内旅游服务设施的水平对各旅游流变量均为正向影响,对游线客流有更强影响。提高景区等级,对年客流量和线路客流量的影响从江苏南部到北部依次降低。

8.2 案例研究的创新与不足

(1) 基于多源大数据的提取与挖掘,对多类型旅游客流的多尺度网络与空间交互作用进行了系统性研究

本研究基于覆盖省域全部高等级旅游景区的手机信令长期监测和针对性大样本抽样数据,获得了静态的景区年接待游客量与动态的景区间线路游客流动数据,对两种旅游客流的相关性进行了检验,并对空间交互上距离阈值的相关性进行了分析。研究了省域尺度大样本游客的旅游移动模式规律和多目的地旅游流网络的复杂性,将游客移动模式距离与目的地区域空间集聚尺度建立起关联。相较于以问卷统计为主的同类研究,在时空扩散方面可以更加细化,以及目的地区域划分在省级尺度研究中不再局限于城市;在时间上可以分月度统计,甚至在技术和数据支持下可以实时监测。

在影响机制研究中进一步使用网络评价和电子地图等新型数据,改善了省域范围景区尺度可比影响因素较少的问题,为研究景区旅游流的空间

交互和揭示旅游地理环境特征丰富了新的维度。本书还尝试了多目的地线路数据的关联规则挖掘,有助于丰富大数据分析手段和应用,也有效拓展了目的地区域及旅游流领域的研究成果。

(2) 采用了旅游流空间和旅游流社会网络的交叉分析,实证分析了省域多尺度目的地区域的交互机制

采用空间分析与社会网络分析相结合的研究方法和多学科交叉综合的分析思路,围绕不同尺度的目的地区域,拓展旅游流的多尺度结合研究,丰富旅游地理学理论研究。在社会网络研究中,着重网络中"关系"的特征和形成,从"单点层次"向"关系层次""网络层次"深入。运用国际国内旅游流研究中较少使用的复杂网络指数随机图模型分析网络微观结构、景区作为节点的属性差异和距离网络等在旅游流网络构建中的综合作用机制。采用 GWR 模型分析节点网络核心度值、多目的地客流量和年客流总量的影响因素及其空间分异,深化了对旅游流交互机制的研究,有助于带动旅游欠发达地区,促进旅游在省内区域及城市间均衡发展。

值得指出的是,受数据限制,本书还有多种网络模型没有涉及,如社会网络动力学模型与多层次网络模型[273]等,对历时性的网络数据可以更好地分析目的地旅游流网络关系的变化趋势。未来还可结合偏好网络模型(Biased net model)[274]与旅游扩散的定向偏好的相关研究,深入分析游客行为的空间与网络偏好。目前的多目的地线路模式的实证研究部分尚以挖掘人类空间运动行为的统计特征为主,对于社会化因素对人类行为的影响考虑不足。而且,根据群体水平上的幂律规律统计结果并不能推断出个体的行为[275]。为了更清晰地理解人类个体的出行模式,还需要研究在个体层面上人类行为的空间特性,考虑不同年龄或出游目的的空间行为特性。未来的研究还应考虑省域范围内不同区域客流受不同客源地的影响,特别是邻近的上海、山东、安徽等,对边界附近的景区影响较大,要提高空间分异拟合度,以便对分析旅游流及其空间交互的外部影响机制有更深的理解。

8.3 后疫情时代的区域旅游韧性的研究展望

不同于恐怖袭击或地震等事件的短期或局部扰动,新冠疫情的公共健

康威胁给旅游业带来全球性和长期性的社会经济与交通流动影响。"在危机中育新机",从某种意义上来说,一场全球范围和长期持续的危机提供了广泛的研究空间和丰富的实践场景。而研究受影响最具代表性的旅游业,对于我们从区域视角系统性地认识和提高全社会韧性具有难得的价值。本节提出要重点从过程、尺度和数据方法等方面关注旅游区域韧性研究各方面的议题,具体来说,后续研究可从以下三个方面进一步开展:

第一,立足旅游业与区域整体韧性的耦合协调。旅游目的地本身是人与自然共同参与的复杂自适应系统,对于旅游韧性的研究应从社会、经济、生态、文化、制度等要素方面进行多方位思考,考虑各要素之间的内在关联性和对系统的影响作用。新冠疫情危机的爆发、持续与消散,带来旅游系统动力学特征的突变,系统的非线性、复杂性又使得危机通过旅游目的地及多客源市场间发生同步或异步耦合,对目的地区域存在时空分异的影响过程。对于一个复杂系统,未来旅游韧性不仅仅需要从单一维度进行研究,而应从整体性和综合性的角度出发,为旅游目的地可持续发展提供科学的研究基础。

旅游韧性是区域韧性的重要组成部分,而旅游业与区域韧性的关系取决于当代旅游业发展的三个方面:其增长带动效应,自身的脆弱性和韧性,以及与区域经济其他部门的广泛联系[276]。将旅游系统放到区域社会—文化系统的大背景中,解决自身固有的敏感性问题;发挥旅游在文化、农业、养老等产业融合协同过程中的经济带动作用,共同解决区域危机抵抗、适应韧性、复苏弹性、更新创新等问题。

各地区可以通过明确尝试减轻旅游业的作用,促进某种程度上与之"相关"的其他活动的增长、文旅融合的方式应对韧性,与农业和养老等产生共同高质量发展。中国以及韩国、越南等亚洲国家在新冠疫情控制中表现出的韧性,是否是一种与文化差异有关的特殊区域能力?对旅游业危机进行区域性和跨部门的统筹规划可能更有助于防止未来危机的溢出效应,并提高行业管理和旅游业以协调一致的方式应对任何危机的能力。

第二,应完善针对危机事件对区域旅游系统在时间过程、冲击烈度、影响程度、区域内外响应上的空间分异特征和机制的研究。已然长期存在的新冠疫情凸显出学界在现有相关旅游突发危机研究方面的短板，主要是危机事后回顾与评估，对危机影响下目的地的空间过程和区域适应过程并不清晰[277]。危机发生过程中及复苏时期，不同旅游区域之间类似金融危机中的市场传染过程也有待分析[278]。此外，传染性疾病危机影响的特征是带来各类关联的广泛断裂，社会网络与空间交互的分析方法值得尝试[279-281]，应深入关注旅游流和旅游产业网络结构受到的不同程度影响[282]，并分析危机影响及其对网络韧性的空间异质性问题。对应到旅游适应性循环来说，就是不仅要重视韧性潜力（potential）和恢复能力，也要加强对连通度（connectedness）等属性的分析研究[283]。更为重要的是，探索实践理论创新来厘清和阐释目的地区域韧性，特别是宏观区域与微观尺度结合、客源地与目的地关联、危机与常态对比的关联—演化结合的系统性研究[284]。现有研究仅关注危机爆发地或受间接外部危机影响的目的地的单一方面，对O-D间及目的地内部的韧性结构重视不足。

另外，游客行为和经营主体角度也尚有许多研究空白，学者应研究游客在特定事件发生后立即产生的取消订单的行为的决策和延迟预订效应的时滞变化，以及此类事件如何影响游客的购买决策，消费者行为和旅行需求，并从企业角度分析游客行为对旅游经营主体特别是携程等OTA的资金链冲击及应对策略。对于COVID-19推动旅游业普及机器人和人工智能技术的影响[285]，是否能够增强旅游韧性，还是又会带来哪些新的风险？

第三，多空间尺度与时间细粒度研究需求亟待对接多源大数据[286]。丰富数据来源、提高数据质量及其可用性是帮助推进目的地韧性区域研究的重要任务[287]。大尺度研究掩盖了区域的内部差异，特别是危机恢复过程中的距离敏感性。现有研究往往限于把危机相关区域视为一个整体研究所受影响与恢复效率[288]，而聚焦区域的研究大多将某种空间尺度作为研究的边界，并以内部交互特征为主，区域外的空间力量被忽视。对区域语境下的韧性来说，跨尺度研究非常必要。虽然学者往往认为韧性研究的空间尺度应偏向微观[289]。但在武汉市应对新冠疫情危机的过程中，彰显了国家、区域（湖北省）、城市、社区和家庭乃至个人在5个尺度韧性组合的重要性[290]。国内旅游业的快速恢复也是各级政府、行业管理结构和各类组织在舆情、政策、资金、卫生防护等多个方面共同配合的结果。可见,各尺度间可能存在动态干扰因素,不同空间尺度的研究对象对干扰因素的响应存在不同,对应旅游韧性需要进行结构性的考量。时间尺度方面,现有研究缺少危机影响与冲击后恢复状态的量化评估和精细刻画方法,对恢复阶段的划分仍依赖经验判断[291]。与局限于单一月度年度统计数据的概述性相关研究不同[292],大数据支持下,基于高频时间尺度对本次新冠疫情危机的目的地客流影响评估值得进一步探索,并关联疫情数据、疫情关注与人口迁徙数据等多源数据进行综合研究[293,294]。

参考文献

[1] 张宏磊.交通系统要素变动下的旅游流时空响应[D].南京:南京大学,2012.

[2] 吴寅姗,陈家熙,钱俊希.流动性视角下的入藏火车旅行研究:体验、实践、意义[J].旅游学刊,2017,32(12):17-27.

[3] 马耀峰,李永军.中国入境旅游流的空间分析[J].陕西师范大学学报(自然科学版),2000,28(3):121-124.

[4] 林岚,康志林,甘萌雨,等.基于航空口岸的台胞大陆旅游流空间场效应分析[J].地理研究,2007,26(2):403-413.

[5] 张捷,都金康,周寅康,等.观光旅游地客流时间分布特性的比较研究——以九寨沟、黄山及福建永安桃源洞鳞隐石林国家风景名胜区为例[J].地理科学,1999,19(1):50-55.

[6] 钟士恩,张捷,韩国圣,等.旅游流空间模式基本理论:问题分析及其展望[J].人文地理,2010,25(2):31-36.

[7] 穆成林,陆林.京福高铁对旅游目的地区域空间结构的影响——以黄山市为例[J].自然资源学报,2016,31(12):2122-2136.

[8] ZHANG J. Big data and tourism geographies an emerging paradigm for future study?[J]. Tourism Geographies,2008,20(5):899-904.

[9] 黄春美.智能数据技术在精准营销中的应用研究[D].上海:华东师范大学,2017.

[10] 唐顺铁,郭来喜.旅游流体系研究[J].旅游学刊,1998,13(3):38-41.

[11] 马耀峰.中国入境旅游研究[M].北京:科学出版社,1999.

[12] VU H Q, LI G, LAW R, et al. Exploring the travel behaviors of inbound tourists to Hong Kong using geotagged photos[J]. Tourism Management,2015,46:222-232.

[13] 张佑印,顾静,马耀峰.旅游流研究的进展、评价与展望[J].旅游学刊,2013,28(6):38-46.

[14] RAUN J, AHAS R, TIRU M. Measuring tourism destinations using mobile tracking data[J]. Tourism Management,2016,57:202-212.

[15] SMALLWOOD C B, BECKLEY L E, MOORE S A. An analysis of visitor movement patterns using travel networks in a large marine park, north western Australia[J]. Tourism Management,2012,33(3):517-528.

[16] XIA J, ZEEPHONGSEKUL P, ARROWSMITH C. Modelling spatio-temporal movement of tourists using finite Markov chains[J]. Mathematics & Computers in Simulation, 2009, 79(5):1544-1553.

[17] LAU G, MCKERCHER B. Understanding tourist movement patterns in a destination: a GIS approach[J]. Tourism & Hospitality Research, 2006, 7(1):39-49.

[18] LEW A A, MCKERCHER B. Trip destinations, gateways and itineraries: the example of Hong Kong[J]. Tourism Management, 2002, 23(6):609-621.

[19] LEW A A, MCKERCHER B. Modeling tourist movements: a local destination analysis[J]. Annals of Tourism Research, 2006, 33(2):403-423.

[20] LIU P, XIAO X, ZHANG J, et al. Spatial configuration and online attention: a space syntax perspective[J]. Sustainability, 2018, 10(1):221.

[21] LI Y, XIAO L, YE Y, et al. Understanding tourist space at a historic site through space syntax analysis: the case of Gulangyu, China[J]. Tourism Management, 2016, 52:30-43.

[22] 黄潇婷.基于时间地理学的景区旅游者时空行为模式研究——以北京颐和园为例[J].旅游学刊,2009,24(6):82-87.

[23] 刘培学,廖茂林,张捷,等.山岳型景区游客轨迹聚类与体验质量差异研究——以世界遗产地三清山为例[J].旅游学刊,2018,33(5):56-67.

[24] ORELLANA D, BREGT A K, LIGTENBERG A, et al. Exploring visitor movement patterns in natural recreational areas[J]. Tourism Management, 2012, 33(3): 672-682.

[25] ZHENG W, HUANG X, LI Y. Understanding the tourist mobility using GPS: where is the next place?[J]. Tourism Management, 2017, 59: 267-280.

[26] 李振亭,马耀峰,李创新,等.近20年来中国入境旅游流流量与流质的变化分析[J].陕西师范大学学报(自然科学版),2012,40(1):94-99.

[27] 李振亭,张晓芳.中国入境旅游流流量与流质的空间错位分析[J].资源开发与市场,2013,29(7):758-761.

[28] 黎霞,雷丽.西部地区入境旅游流流量与流质的时空差异分析[J].西南大学学报(自然科学版),2014,36(12):107-114.

[29] 王公为,乌铁红.内蒙古入境旅游流流量与流质的时空分布研究[J].干旱区资源与环境,2016,30(12):199-203.

[30] 黄明元,吴艾,洪艳.湖南省入境旅游流流量与流质的时空变化研究[J].湖南工业大学学报(社会科学版),2016,21(6):26-32.

[31] 郭向阳,明庆忠,穆学青,等.云南省入境旅游流流量与流质的耦合度时空演变分析[J].旅游研究,2017,9(1):50-63.

[32] 杨国良.旅游流空间扩散[M].北京:科学出版社,2008.

[33] 许学强,周一星,宁越敏.城市地理学[M].2版.北京:高等教育出版社,2009.

[34] PEARCE D G. Tourism Today: A Geographical Analysis[M]. Essex: Longman Scientific & Technical, 1987.

[35] LUNDGREN J O J. The tourist frontier of Nouveau Quebec: functions and regional linkages[J]. The Tourist Review, 1982, 37(2): 10-16.

[36] BRITTON S G. A conceptual model of tourism in a peripheral economy[A]. PEARCE D. Tourism in the South Pacific: the contribution of research to development and planning. Christchurch: N. Z. National Commission for Unesco/Department of Geography[C], University of Canterbury, 1979: 1-12.

[37] 李创新,马耀峰,张颖,等.时空二元视角的入境旅游流集散空间场效应与地域结构——以丝路东段典型区为例[J].地理科学,2012,32(2):176-185.

[38] 章锦河,张捷,李娜,等.中国国内旅游流空间场效应分析[J].地理研究,2005,24(2):293-303.

[39] 薛莹.旅游流在区域内聚:从自组织到组织——区域旅游研究的一个理论框架[J].旅游学刊,2006(4):47-54.

[40] 于静,李君轶.微博营销信息的时空扩散模式研究——以曲江文旅为例[J].经济地理,2013,33(9):6-12.

[41] 周永博,沙润,卢晓旭,等.文化遗产旅游地意象空间扩散研究——以苏州园林为例[J].地理科学,2012,32(11):1311-1320.

[42] 单卫东,包浩生.地理系统非均质空间扩散定量研究[J].地理学报,1996,51(4):289-295.

[43] SMITH S L J, BROWN B. Directional bias in vacation travel[J]. Annals of Tourism Research, 1981, 8(2): 257-270.

[44] 钟士恩,张捷,任黎秀,等.旅游流空间模式的基本理论及问题辨析[J].地理科学进展,2009,28(5):705-712.

[45] 杨新军,马晓龙,霍云霈.旅游目的地区域(TDD)及其空间结构研究——以西安为例[J].地理科学,2004,24(5):620-626.

[46] 徐敏,黄震方,曹芳东,等.基于在线预订数据分析的旅游流网络结构特征与影响因素——以长三角地区为例[J].经济地理,2018,38(6):193-202.

[47] 李瑛.基于旅游者行为的旅游目的地区域空间组织研究[D].西安:西北大学,2007.

[48] DREDGE D. Destination place planning and design[J]. Annals of Tourism Research, 1999, 26(4): 772-791.

[49] 庞闻.中国入境旅游流复杂网络的结构特征与角色定位研究[D].西安:陕西师范大学,2012.

[50] 靳诚,徐菁.江苏省旅游景点空间分布差异定量化研究[J].地域研究与开发,2012,31(6):92-96.

[51] 杨国良,张捷,艾南山,等.旅游流齐夫结构及空间差异化特征——以四川省为例[J].地理学报,2006,61(12):1281-1289.

[52] 章锦河,赵勇.皖南旅游资源空间结构分析[J].地理与地理信息科学,2004,20(1):99-103.

[53] 谢志华,吴必虎.中国资源型景区旅游空间结构研究[J].地理科学,2008,28(6):748-753.

[54] 熊杰,章锦河,周霁,等.中国红色旅游景点的时空分布特征[J].地域研究与开发,2018,37(2):83-88.

[55] CHRISTALLER W. Some considerations of tourism location in Europe: the peripheral regions under developed countries recreation areas[J]. Papers in Regional Science, 1964, 12(1): 95-105.

[56] OPPERMANN M. Intranational tourist flows in Malaysia[J]. Annals of Tourism Research, 1992, 19(3): 482-500.

[57] JANSEN-VERBEKE M, SPEE R. A regional analysis of tourist flows within Europe[J]. Tourism Management, 1995, 16(1): 73-80.

[58] ZILLINGER M. Tourist routes: a time geographical approach on German car tourists in Sweden[J]. Tourism Geographies, 2007, 9(1): 64-83.

[59] CONNELL J, PAGE S J. Exploring the spatial patterns of car-based tourist travel in Loch Lomond and Trossachs National Park, Scotland[J]. Tourism Management, 2008, 29(3): 561-580.

[60] MARROCU E, PACI R. Different tourists to different destinations. Evidence from spatial interaction models[J]. Tourism

Management,2013,39(39):71-83.

[61] CHUA A, SERVILLO L, MARCHEGGIANI E, et al. Mapping Cilento: using geotagged social media data to characterize tourist flows in southern Italy[J]. Tourism Management, 2016, 57: 295-310.

[62] 张凌云.旅游流空间分布模型:普洛格理论在定量研究中的推广[J].地域研究与开发,1988,7(3):41-42.

[63] 宣国富,陆林,汪德根,等.三亚市旅游客流空间特性研究[J].地理研究,2004,23(1):115-124.

[64] 马耀峰,李永军.中国入境后旅游流的空间分布研究[J].人文地理,2001,16(6):44-46.

[65] 牛亚菲,谢丽波,刘春凤.北京市旅游客流时空分布特征与调控对策[J].地理研究,2005,24(2):125-134.

[66] 熊鹰,董成森.武陵源风景区旅游客流量时空变化与调控对策[J].经济地理,2014,34(11):173-178.

[67] 吴晨.网络视角下目的地城市旅游流空间结构与空间自相关效应研究[D].南京:南京大学,2017.

[68] 张佑印,马耀峰,王春,等.入境旅游流西向扩散特征及机理——以中国典型旅游区为例[J].社会科学家,2008,13(11):88-92.

[69] 张佑印,马耀峰,顾静.北京间接入境聚集旅游流流势时空演化规律研究[J].旅游学刊,2011,26(10):31-35.

[70] 纪小美,王婷,陶卓民,等.时空交互视角下的中国入境客流分布动态分析[J].人文地理,2016,31(4):153-160.

[71] 张红.我国旅游热点城市境外游客旅游流空间分布特征分析[J].人文地理,2000,15(2):56-57.

[72] HWANG Y, GRETZEL U, FESENMAIER D R. Multicity trip patterns[J]. Annals of Tourism Research, 2006, 33(4): 1057-1078.

[73] TIDESWELL C, FAULKNER B. Multidestination travel patterns of international visitors to Queensland[J]. Journal of Travel Research, 1999, 37(4): 364-374.

[74] 保继刚,楚义芳.旅游地理学[M].修订版.北京:高等教育出版社,1999.

[75] SONG H, LI G, WITT S F, et al. Forecasting tourist arrivals using time varying parameter structural time series models [J]. International Journal of Forecasting, 2011, 27(3): 855-869.

[76] LIM C, MCALEER M. Monthly seasonal variations[J]. Annals of Tourism Research, 2001, 28(1): 68-82.

[77] 陆林.山岳风景区客流研究:以安徽黄山为例[J].地理学报,1994(3):236-245.

[78] 卢松,陆林,王莉,等.古村落旅游客流时间分布特征及其影响因素研究——以世界文化遗产西递、宏村为例[J].地理科学,2004,24(2):123-129.

[79] 黄潇婷.基于时空路径的旅游情感体验过程研究——以香港海洋公园为例[J].旅游学刊,2015,30(6):39-45.

[80] 郭晓东,肖星,房亮.新休假制度对国内旅游流时空结构及旅游开发的影响分析[J].旅游学刊,2008,23(5):38-41.

[81] 刘泽华,李海涛,史春云,等.短期旅游流时间分布对区域旅游空间结构的响应——以云南省黄金周旅游客流为例[J].地理学报,2010,65(12):1624-1632.

[82] MARTÍNEZ GARCIA E, RAYA J M A. Length of stay for low-cost tourism[J]. Tourism Management, 2008, 29(6): 1064-1075.

[83] OPPERMANN M. Length of stay and spatial distribution[J]. Annals of Tourism Research, 1994, 21(4): 834-836.

[84] 史春云.旅行模式对目的地旅游经济影响的空间差异——以长三角世博旅游线路为例[J].旅游学刊,2013,28(6):102-110.

[85] BIRNEY B A. Criteria for successful museum and zoo visits: children offer guidance[J]. Curator the Museum Journal, 1988, 31(4): 292-316.

[86] DIBB S. Market segmentation: conceptual and methodological foundations (2nd edition)[J]. Journal of Targeting Measurement &

Analysis for Marketing,2000,9(1):92-93.

[87] COOPER C P. Spatial and temporal patterns of tourist behaviour[J]. Regional Studies,1981,5(5):359-371.

[88] GITELSON R J,KERSTETTER D L. The relationship between sociodemographic variables, benefits sought and subsequent vacation behavior: a case study[J]. Journal of Travel Research,1990,28(3):24-29.

[89] ESPELT N G, BENITO J A. Visitors' behavior in heritage cities: the case of Girona[J]. Journal of Travel Research,2006,44(4):442-448.

[90] CANTIS S D, FERRANTE M, KAHANI A, et al. Cruise passengers' behavior at the destination: investigation using GPS technology[J]. Tourism Management,2016,52:133-150.

[91] PRIDEAUX B. Factors affecting bilateral tourism flows[J]. Annals of Tourism Research,2005,32(3):780-801.

[92] 尹立杰.多目的地旅游空间模式下旅游者行为研究——以世界遗产地九寨沟的游客为例[D].南京:南京大学,2012.

[93] 刘法建,张捷,陈冬冬.中国入境旅游流网络结构特征及动因研究[J].地理学报,2010,65(8):1013-1024.

[94] PORIA Y, BUTLER R, AIREY D. The core of heritage tourism[J]. Annals of Tourism Research,2003,30(1):238-254.

[95] RID W, EZEUDUJI I O, PRÖBSTL HAIDER U. Segmentation by motivation for rural tourism activities in The Gambia[J]. Tourism Management,2014,40(2):102-116.

[96] ZHAO X, LU X, LIU Y, et al. Tourist movement patterns understanding from the perspective of travel party size using mobile tracking data: a case study of Xi'an, China[J]. Tourism Management,2018,69:368-383.

[97] 阮文奇,张舒宁,郑向敏.中国游客赴泰旅游流网络结构及其形成机理研究[J].世界地理研究,2018,27(4):34-44.

[98] 毕娟.文化距离与旅游者目的地选择行为之间的关系研究[D].杭州:浙江大学,2017.

[99] 毛端谦,张捷,包浩生.基于Lancaster特性理论的旅游目的地选择模式——理论分析与江西省旅游客流的实证研究[J].地理研究,2005,24(6):992-999.

[100] PAPATHEODOROU A. Why people travel to different places[J]. Annals of Tourism Research,2001,28(1):164-179.

[101] CHANCELLOR C, COLE S. Using geographic information system to visualize travel patterns and market research data[J]. Journal of Travel & Tourism Marketing, 2008, 25(34): 341-354.

[102] XIA J, EVANS F H, SPILSBURY K, et al. Market segments based on the dominant movement patterns of tourists[J]. Tourism Management, 2010, 31(4): 464-469.

[103] COLE D N, DANIEL T C. The science of visitor management in parks and protected areas: from verbal reports to simulation models[J]. Journal for Nature Conservation, 2003, 11(4): 269-277.

[104] OPPERMANN M. A model of travel itineraries[J]. Journal of Travel Research, 1995, 33(4): 57-61.

[105] UYSAL M. Spatial pattern of tourist flows among the Asia Pacific Countries: an examination over a decade[J]. Asia Pacific Journal of Tourism Research, 2008, 13(3): 229-243.

[106] AHAS R, AASA A, ROOSE A, et al. Evaluating passive mobile positioning data for tourism surveys: an Estonian case study[J]. Tourism Management, 2008, 29(3): 469-486.

[107] 楚义芳.关于旅游线路设计的初步研究[J].旅游学刊,1992,7(2):9-13.

[108] 吴必虎.上海城市游憩者流动行为研究[J].地理学报,1994,49(2):117-127.

[109] 陆林.山岳风景区旅游者空间行为研究——兼论黄山与美国黄石

公园之比较[J].地理学报,1996,51(4):315-321.

[110] 卢天玲.塔尔寺旅游者旅行模式及其对地方旅游经济的影响[J].旅游学刊,2008,23(12):29-33.

[111] 陈秀琼,黄福才.基于社会网络理论的旅游系统空间结构优化研究[J].地理与地理信息科学,2006,22(5):75-80.

[112] 杨兴柱,顾朝林,王群.南京市旅游流网络结构构建[J].地理学报,2007,62(6):609-620.

[113] 刘法建,章锦河,陈冬冬.社会网络分析在旅游研究中的应用[J].旅游论坛,2009,2(2):172-177.

[114] 吴晋峰,潘旭莉.入境旅游流网络与航空网络的关系研究[J].旅游学刊,2010,25(11):39-43.

[115] 史春云,朱传耿,赵玉宗,等.国外旅游线路空间模式研究进展[J].人文地理,2010,25(4):31-35.

[116] 史春云,张宏磊,朱明.国内旅游线路模式的空间格局与特征分析[J].经济地理,2011,31(11):1918-1922.

[117] 朱明,史春云,袁欣,等.基于旅行社线路的国内旅行空间模式研究[J].旅游学刊,2010,25(9):32-37.

[118] MINGS R C, MCHUGH K E. The spatial configuration of travel to Yellowstone National Park[J]. Journal of Travel Research,2016,30(4):38-46.

[119] 李山,王慧,王铮.中国国内观光旅游线路设计中的游时研究[J].人文地理,2005,20(2):57-62.

[120] 朱竑,封丹,韩亚林.中国国际级旅游目的地建设的重新审视——基于国外旅行商视角[J].旅游学刊,2007,22(6):14-19.

[121] 叶红.区域旅游线路节点选择对目的地的影响[J].经济地理,2007,27(4):146-149.

[122] 段德忠.中国城市技术转移的空间演化研究[D].上海:华东师范大学,2018.

[123] 董上,蒲英霞,马劲松,等.中国省际人口迁移的复杂网络研

究[J].南方人口,2014,29(2):54-61.

[124] 沈丽珍,汪侠,甄峰.社会网络分析视角下城市流动空间网络的特征[J].城市问题,2017,14(3):28-34.

[125] CAMAGNI R P, SALONE C. Network urban structures in northern Italy: elements for a theoretical framework[J]. Urban Studies, 1993, 30(6): 1053-1064.

[126] STEVENSON N, AIREY D, MILLER G. Complexity theory and tourism policy research[J]. International Journal of Tourism Policy, 2009, 2(3): 206-220.

[127] SAINAGHI R, BAGGIO R. Complexity traits and dynamics of tourism destinations[J]. Tourism Management, 2017, 63: 368-382.

[128] BAGGIO R. Symptoms of complexity in a tourism system[J]. Tourism Analysis, 2007, 13(1): 1-20.

[129] RUSSELL R, FAULKNER B. Entrepreneurship, chaos and the tourism area lifecycle[J]. Annals of Tourism Research, 2004, 31(3): 556-579.

[130] RAEDER T, CHAWLA N V. Modeling a store's product space as a social network[C] //2009 International Conference on Advances in Social Network Analysis and Mining. IEEE, 2009: 164-169.

[131] BHAT S S, MILNE S. Network effects on cooperation in destination website development[J]. Tourism Management, 2008, 29(6): 1131-1140.

[132] LAWS E, PRIDEAUX B. Crisis management: a suggested typology[J]. Journal of Travel & Tourism Marketing, 2006, 19(2-3): 1-8.

[133] KAUFFMAN S A. At home in the universe: the search for laws of self organization and complexity[J]. Leonardo, 1995, 29(6): 667-672.

[134] NICOLIS G, PRIGOGINE I. Formative processes. (Book reviews: self organization in nonequilibrium systems. from dissipative

structures to order through fluctuations)[J]. Science, 1978, 200(4342): 678-679.

[135] NEWMAN M. Networks: an introduction[J]. Astronomische Nachrichten, 2010, 327(8): 741-743.

[136] LORENZ E N. Deterministic nonperiodic flow[J]. Journal of Atmospheric Sciences, 2004, 20(2): 130-141.

[137] MCKERCHER B. A chaos approach to tourism[J]. Tourism Management, 1999, 20(4): 425-434.

[138] ALBRECHT J N. Networking for sustainable tourism towards a research agenda[J]. Journal of Sustainable Tourism, 2013, 21(5): 639-657.

[139] BREGOLI I, HINGLEY M, CHIAPPA G D, et al. Challenges in Italian wine routes: managing stakeholder networks[J]. Qualitative Market Research, 2016, 19(2): 204-224.

[140] CHIAPPA G D, PRESENZA A. The use of network analysis to assess relationships among stakeholders within a tourism destination: an empirical investigation on costa Smeralda Gallura, Italy[J]. Tourism Analysis, 2013, 18(1): 1-13.

[141] NOVELLI M, SCHMITZ B, SPENCER T. Networks, clusters and innovation in tourism: a UK experience[J]. Tourism Management, 2006, 27(6): 1141-1152.

[142] ARNABOLDI M, SPILLER N. Actor-network theory and stakeholder collaboration: the case of cultural districts[J]. Tourism Management, 2011, 32(3): 641-654.

[143] DREDGE D. Policy networks and the local organisation of tourism[J]. Tourism Management, 2006, 27(2): 269-280.

[144] 刘冰,曾国军,彭青.社会网络视角下旅游线路研究——以新疆为例[J].旅游学刊,2013(11):101-109.

[145] 陈浩,陆林,郑嬗婷.基于旅游流的城市群旅游地旅游空间网络结

构分析——以珠江三角洲城市群为例[J].地理学报,2011,66(2):257-266.

[146] 彭红松,陆林,路幸福,等.基于社会网络方法的跨界旅游客流网络结构研究——以泸沽湖为例[J].地理科学,2014,34(9):1041-1050.

[147] 杨新菊,吴晋峰,唐澜,等.旅华外国散客旅游流地理分布和网络结构研究[J].旅游学刊,2014,29(5):87-96.

[148] 刘丽敏,钟林生,虞虎,等.青海省自助游与团队游线路网络空间特征与影响因素[J].经济地理,2018,38(1):187-195.

[149] 李创新,马耀峰,贺雅坤,等.1994—2008年西部入境旅游典型省份客流集散时空动态研究——以陕西、四川、云南为例[J].旅游学刊,2011,26(7):12-19.

[150] 虞虎,陈田,王开泳,等.中国农村居民省际旅游流网络空间结构特征与演化趋势[J].干旱区资源与环境,2015,29(6):189-195.

[151] BARRAT A, BARTHÉLEMY M, VESPIGNANI A. The effects of spatial constraints on the evolution of weighted complex networks[J]. Journal of Statistical Mechanics: Theory and Experiment, 2005, 2005(5): 5003.

[152] BARTHÉLEMY M. Crossover from scale-free to spatial networks[J]. EPL(Europhysics Letters), 2003, 63(6): 915-921.

[153] GASTNER M T, NEWMAN M E J. The spatial structure of networks[J]. The European Physical Journal B, 2006, 49(2): 247-252.

[154] WANG J, MO H, WANG F, et al. Exploring the network structure and nodal centrality of China's air transport network: a complex network approach[J]. Journal of Transport Geography, 2011, 19(4): 712-721.

[155] 焦敬娟.高速铁路网络的经济社会空间效应研究[D].北京:中国科学院大学,2016.

[156] BOCCALETTI S, LATORA V, MORENO Y, et al. Complex networks: structure and dynamics[J]. Physics Reports, 2006, 424(45): 175-308.

[157] ROZENBLAT C. Opening the black box of agglomeration economies for measuring cities' competitiveness through international firm networks[J]. Urban Studies，2010，47(13)：2841－2865.

[158] YANG K，YANG L，GONG B，et al. Geographical networks：geographical effects on network properties[J]. Frontiers of Physics in China，2008，3(1)：105－111.

[159] 吴康.城市网络的空间结构及其演化研究[D].北京：中国科学院大学，2013.

[160] LOZANO S，GUTIÉRREZ E. A complex network analysis of global tourism flows[J]. International Journal of Tourism Research，2018，20(5)：588－604.

[161] 黄潇婷.基于GPS与日志调查的旅游者时空行为数据质量对比[J].旅游学刊,2014,29(3):100-106.

[162] 申卓,王德.基于手机信令数据的大型足球赛事球迷当日空间行为特征研究[J].人文地理,2018,33(3):34-43.

[163] 方家,王德,谢栋灿,等.上海顾村公园樱花节大客流特征及预警研究——基于手机信令数据的探索[J].城市规划,2016,40(6):43-51.

[164] 戴文,丁蕾,刘培学,等.城市旅游流客源地分布及预测研究——以南京市为例[J].资源开发与市场,2018,34(5):676-681.

[165] 王茜雅,张建新,刘培学,等.大数据视角下城市客源市场空间结构动态研究——以南京市为例[J].资源开发与市场,2018,34(1):77-82.

[166] 路紫,赵亚红,吴士锋,等.旅游网站访问者行为的时间分布及导引分析[J].地理学报,2007,62(6):621-630.

[167] 张捷,刘泽华,解杼,等.中文旅游网站的空间类型及发展战略研究[J].地理科学,2004,24(4):493-499.

[168] 李山,邱荣旭,陈玲.基于百度指数的旅游景区络空间关注度：时间分布及其前兆效应[J].地理与地理信息科学,2008(6):102-107.

[169] 马莉,刘培学,张建新,等.景区旅游流与网络关注度的区域时空分异研究[J].地理与地理信息科学,2018,34(2):87-93.

[170] 孙烨,张宏磊,刘培学,等.基于旅游者网络关注度的旅游景区日游客量预测研究——以不同客户端百度指数为例[J].人文地理,2017,32(3):152-160.

[171] LI J, XU L, TANG L, et al. Big data in tourism research: a literature review[J]. Tourism Management, 2018, 68: 301-323.

[172] 李君轶.旅游数字足迹:在线揭示游客的时空轨迹[J].思想战线,2013(3):103-107.

[173] 吴建伟.旅游数字足迹:概念、类别及其研究综述[J].旅游纵览(下半月),2017(1):23-24.

[174] 刘大均,胡静,程绍文,等.中国旅游微博空间分布格局及影响因素——以新浪旅游微博为例[J].地理科学,2015,35(6):717-724.

[175] 张子昂,黄震方,靳诚,等.基于微博签到数据的景区旅游活动时空行为特征研究——以南京钟山风景名胜区为例[J].地理与地理信息科学,2015,31(4):121-126.

[176] 张妍妍,李君轶,杨敏.基于旅游数字足迹的西安旅游流网络结构研究[J].人文地理,2014,29(4):111-118.

[177] 钟静,张捷,李东和,等.历史文化村镇旅游流季节性特征比较研究——以西递、周庄为例[J].人文地理,2007,22(4):68-71.

[178] 赵伟.福建省入境旅游流时空演变研究[J].泉州师范学院学报,2009,27(6):85-88.

[179] 李伟,胡静,陆汝瑞,等.基于旅游目的的特殊时段旅游流时空分布特征研究——以武汉市为例[J].经济地理,2013,33(1):180-186.

[180] 唐佳,李君轶.基于微博大数据的西安国内游客日内时间分布模式研究[J].人文地理,2016,31(3):151-160.

[181] 张腾.基于微博签到数据的主题公园游客时空行为研究[D].上海:上海师范大学,2017.

[182] 陈晓艳,张子昂,胡小海,等.微博签到大数据中旅游景区客流波动特征分析——以南京市钟山风景名胜区为例[J].经济地理,2018,38(9):206-214.

[183] 张珍珍.基于多源数据的华山景区游客时空行为研究[D].西安:陕西师范大学,2016.

[184] 杨兴柱,蒋锴,陆林.南京市游客路径轨迹空间特征研究——以地理标记照片为例[J].经济地理,2014,34(1):181-187.

[185] 张少杰.基于地理标记照片的大西安旅游圈游客时空行为研究[D].西安:陕西师范大学,2015.

[186] 罗秋菊,梁思贤.基于数字足迹的自驾车旅游客流时空特征研究——以云南省为例[J].旅游学刊,2016,31(12):41-50.

[187] 王录仓,严翠霞,李巍.基于新浪微博大数据的旅游流时空特征研究——以兰州市为例[J].旅游学刊,2017,32(5):94-105.

[188] 秦静,李郎平,唐鸣镝,等.基于地理标记照片的北京市入境旅游流空间特征[J].地理学报,2018,73(8):1556-1570.

[189] 闫闪闪,梁留科,索志辉,等.基于大数据的洛阳市旅游流时空分布特征[J].经济地理,2017,37(8):216-224.

[190] 林文辉,毛峰,何虹,等.杭州市景点旅游流空间网络分析[J].浙江大学学报(理学版),2016,43(4):458-464.

[191] 周慧玲,许春晓.基于游记行程的湖南旅游流空间网络结构特征[J].经济地理,2016,36(10):201-206.

[192] 王娟,胡静,贾垚焱,等.城市旅游流的网络结构特征及流动方式——以武汉自助游为例[J].经济地理,2016,36(6):176-184.

[193] 曲静,吴铭.基于旅游数字足迹的甘肃省旅游流网络结构研究[J].旅游论坛,2018,11(1):113-124.

[194] 梁玥琳,胡孟姣.宁波市宁海县旅游流网络空间结构及其效应研究[J].华中师范大学学报(自然科学版),2018,52(5):742-749.

[195] 干青亚,邱枫,刘文生,等.基于GIS-SNA的长江三角洲城市群旅游流网络演化[J].华东经济管理,2016,30(8):35-40.

[196] 严江平,唐萍,李巍.基于网络游记的兰州市旅游流时空行为研究[J].资源开发与市场,2016,32(10):1244-1248.

[197] 吴静,杨兴柱,孙井东.基于新地理信息技术的南京市游客流动性

空间特征研究[J].人文地理,2015,30(2):148-154.

[198] 吴中堂,刘建徽,袁俊.大陆居民赴台湾自由行旅游流网络分析及演化研究[J].旅游学刊,2016,31(10):113-121.

[199] 靳诚,徐菁,黄震方,等.南京城市内部景点间游客流动特征分析[J].地理学报,2014,69(12):1858-1870.

[200] 刘瑜,康朝贵,王法辉.大数据驱动的人类移动模式和模型研究[J].武汉大学学报(信息科学版),2014,39(6):660-666.

[201] SONG C, KOREN T, WANG P, et al. Modelling the scaling properties of human mobility[J]. Nature Physics, 2010, 6(10): 818-823.

[202] BROCKMANN D, HUFNAGEL L, GEISEL T. The scaling laws of human travel[J]. Nature, 2006, 439(7075): 462-465.

[203] LIANG X, ZHENG X, LV W, et al. The scaling of human mobility by taxis is exponential[J]. Physica A: Statistical Mechanics & Its Applications, 2012, 391(5): 2135-2144.

[204] 侯静轩,苑思楠,盛强,等.地铁线路及站点周边人流量空间预测模型研究[C]//.数字建构文化——2015年全国建筑院系建筑数字技术教学研讨会论文集.中国建筑工业出版社,2015:307-319.

[205] BAZZANI A, GIORGINI B, RAMBALDI S, et al. Statistical laws in urban mobility from microscopic GPS data in the area of Florence[J]. Journal of Statistical Mechanics Theory & Experiment, 2009, 2010(5): 823-831.

[206] CAMILLE R, SOONG MOON K, MICHAEL B, et al. Structure of urban movements: polycentric activity and entangled hierarchical flows[J]. PLoS One, 2011, 6(1): e15923.

[207] KUNG K S, GRECO K, SOBOLEVSKY S, et al. Exploring universal patterns in human home work commuting from mobile phone data[J]. PLoS One, 2014, 9(6): e96180.

[208] WESOLOWSKI A, EAGLE N, NOOR A M, et al. The impact of biases in mobile phone ownership on estimates of human mobility[J]. Journal of the Royal Society Interface, 2013, 10(81): 20120986.

[209] HAN X, HAO Q, WANG B, et al. Origin of the scaling law in human mobility: hierarchy of traffic systems[J]. Physical Review E Statistical Nonlinear & Soft Matter Physics, 2011, 83(3): 36117.

[210] 闫小勇.空间交互网络研究进展[J].科技导报,2017,35(14):15-22.

[211] SCHLICH R, AXHAUSEN K W. Habitual travel behaviour: evidence from a six week travel diary[J]. Transportation, 2003, 30(1): 13-36.

[212] ROY J R, THILL J C. Spatial Interaction Modelling[M]. Berlin: Springer Berlin Heidelberg, 2004.

[213] STOUFFER S A. Intervening opportunities: a theory relating mobility and distance[J]. American Sociological Review, 1940, 5(6): 845-867.

[214] 刘晓啸,石培基,赵瑞东,等.甘青宁地区自助游空间网络结构特征与优化[J].干旱区资源与环境,2018,32(12):197-203.

[215] 刘太安.基于支持向量机的空间数据挖掘方法及其在旅游地理经济分析中的应用[D].徐州:中国矿业大学,2012.

[216] 刘法建,陈冬冬,朱建华,等.中国省际入境旅游客源市场结构与互动格局——基于2-模网络分析[J].地理科学进展,2016,35(8):932-940.

[217] 靳诚,徐菁,黄震方,等.基于高速公路联网收费数据的江苏省交通流动特征与影响因素[J].地理学报,2018,73(2):248-260.

[218] 戢晓峰,李康康,陈方.节假日旅游流时空分异及其形成机制——以云南省为例[J].经济地理,2018,38(3):200-207.

[219] 李祖芬,于雷,高永,等.基于手机信令定位数据的居民出行时空分布特征提取方法[J].交通运输研究,2016,2(1):51-57.

[220] BRUNSDON C, FOTHERINGHAM S, CHARLTON M. Geographically weighted regression[J]. Journal of the Royal Statistical Society, 2017, 47(3): 431-443.

[221] 戈冬梅,姜磊.基于GWR模型的省域旅游影响因素空间差异分析[J].生态经济,2013,16(7):93-97.

[222] KOLACZYK E D, CSÁRDI G. Statistical Analysis of Network Data with R[M]. New York: Springer New York, 2014.

[223] FRANK O, STRAUSS D. Markov graphs[J]. Journal of the American Statistical Association, 1986, 81(395): 832-842.

[224] 王芳.基于百度指数的中国大陆5A级景区旅游信息流网络空间格局研究[D].南京:南京师范大学,2015.

[225] 谈明洪,范存会.Zipf维数和城市规模分布的分维值的关系探讨[J].地理研究,2004,23(2):243-248.

[226] 靳诚,徐菁,陆玉麒.长三角城市旅游规模差异及其位序规模体系的构建[J].经济地理,2007,27(4):676-680.

[227] 戴学军,林岚,许志晖,等.基于分形方法的旅游景区(点)系统等级结构研究——以南京市旅游景区(点)系统为例[J].地理科学,2006,26(2):2244-2250.

[228] 杨国良,张捷,刘波,等.旅游流流量位序—规模分布变化及其机理——以四川省为例[J].地理研究,2007,26(4):662-672.

[229] KOENIG N, BISCHOFF E E. Seasonality of tourism in Wales: a comparative analysis[J]. Tourism Economics, 2003, 9(3): 229-254.

[230] 刘泽华,章锦河,彭红松,等.旅游季节性测度指标的敏感度研究[J].地理学报,2018,73(2):295-316.

[231] 万田户,冯学钢,黄和平.江西省山岳型风景名胜区旅游季节性差异——以庐山、井冈山、三清山和龙虎山为例[J].经济地理,2015,35(1):202-208.

[232] KARAMUSTAFA K, ULAMA S. Measuring the seasonality in tourism with the comparison of different methods[J]. Euromed Journal of Business, 2010, 5(5): 191-214.

[233] 冯学钢,黄和平,邱建辉.我国入境旅游流季节性特征及其时空演变研究——基于22个热点旅游城市面板数据的实证分析[J].华东经济管理,2015,29(6):1-9.

[234] 陈超,马海涛,陈楠,等.中国农民旅游流网络重心轨迹的演化[J].

地理研究,2014(7):1306-1314.

[235] BERNDT D J, CLIFFORD J. Using dynamic time warping to find patterns in time series[C] //KDD Workshop, 1994, 10(16): 359-370.

[236] 宋辞,裴韬.基于特征的时间序列聚类方法研究进展[J].地理科学进展,2012,31(10):1307-1317.

[237] 谢荻帆,杜子芳.基于时间序列聚类的电影生命周期研究[J].中国物价,2018,21(4):88-91.

[238] 涂建军,朱月,李琪,等.基于网络空间结构的长江经济带城市影响区划定[J].经济地理,2017,37(12):65-73.

[239] 王明.基于位置签到数据的城市地标提取与商圈挖掘研究[D].武汉:武汉大学,2015.

[240] 田松,崔希民,刘强,等.基于加权 Voronoi 图及 Voronoi 树图的城市影响范围研究——以山东省为例[J].地理信息世界,2015,22(3):45-51.

[241] 田松.空间格局引力加权 Voronoi 图模型研究与应用[D].北京:中国矿业大学,2016.

[242] 宋文,陈英.土地利用空间自相关分析中观测变量和衡量指标的选择研究[J].干旱区资源与环境,2015,29(10):37-42.

[243] 张松林,张昆.局部空间自相关指标对比研究[J].统计研究,2007,24(7):65-67.

[244] 陈冬洋.基于 MCR 和稳定性模型的东方市景观格局空间优化研究[D].长沙:中南林业科技大学,2016.

[245] 刘培学,张捷,张建新,等.旅游景区客流规模特征与影响因素研究——以江苏省 204 家景区为例[J].地理科学,2021,41(11):1992-2001.

[246] SHIH H. Network characteristics of drive tourism destinations: an application of network analysis in tourism[J]. Tourism Management, 2006, 27(5): 1029-1039.

[247] 刘培学,陆佑海,张金悦,等.目的地区域内旅游线路模式及客流影响因素研究[J].旅游学刊,2022,37(6):27-42.

[248] 丘萍.旅游吸引半径数理模型及实证研究——以水利旅游为

例[J].统计与信息论坛,2013,28(2):29-36.

[249] RAEDER T, CHAWLA N V. Modeling a store's product space as a social network[C]//2009 International conference on advances in social network analysis and mining. IEEE,2009:164-169.

[250] 戚威.基于复杂网络的购物篮商品网络分析研究[D].镇江:江苏科技大学,2014.

[251] 吴海玲.基于关联规则的数据挖掘算法研究[D].南京:河海大学,2007.

[252] BRIN S, PAGE L. The anatomy of a large scale hypertextual Web search engine[J]. Computer Networks,2012,56(18):3825-3833.

[253] BLONDEL V D, GUILLAUME J, LAMBIOTTE R, et al. Fast unfolding of communities in large networks[J]. Journal of Statistical Mechanics:Theory and Experiment,2008(10):10008-10012.

[254] LAMBIOTTE R, DELVENNE J C, BARAHONA M. Laplacian dynamics and multiscale modular structure in networks[J]. arXiv preprint arXiv:0812.1770,2008.

[255] CLAUSET A, NEWMAN M, MOORE C. Finding community structure in very large networks[J]. Physical Review E,2004,70(6):066111.

[256] BRANDES U. A faster algorithm for betweenness centrality[J]. The Journal of Mathematical Sociology,2001,25(2):163-177.

[257] MILO R. Network motifs:simple building blocks of complex networks[J]. Science,2002,298(5594):824-827.

[258] 刘华军,杜广杰.中国雾霾污染的空间关联研究[J].统计研究,2018,35(4):3-15.

[259] 章锦河,张捷,刘泽华.基于旅游场理论的区域旅游空间竞争研究[J].地理科学,2005,25(2):248-256.

[260] SHEPPARD E S, GRIFFITH D A, CURRY L. A final comment on mis-specification and autocorrelation in those gravity parameters[J]. Regional Studies,2016,10(3):337-339.

[261] SNIJDERS T A. Markov chain Monte Carlo estimation of exponential random graph models[J]. Journal of Social Structure,2002,3(2):1-40.

[262] HANDCOCK M S, HUNTER D R, BUTTS C T, et al. Statnet: software tools for the representation, visualization, analysis and simulation of network data[J]. Journal of Statistical Software,2008,24(1):1548.

[263] 段庆锋,马丹丹.基于指数随机图模型的专利技术扩散机制实证研究[J].科技进步与对策,2018:1-6.

[264] ROBINS G, PATTISON P, KALISH Y, et al. An introduction to exponential random graph (p*) models for social networks[J]. Social Networks,2007,29(2):173-191.

[265] 吴钢.人文关系网络对国际贸易网络的影响机制及效应研究[D].长沙:湖南大学,2014.

[266] MORRIS M, HANDCOCK M S, HUNTER D R. Specification of exponential family random graph models: terms and computational aspects[J]. Journal of Statistical Software,2007,24(4):1548.

[267] 董培海,李伟.国内旅游流基础理论研究述评[J].旅游研究,2015,7(1):34-40.

[268] 李山,王铮,钟章奇.旅游空间相互作用的引力模型及其应用[J].地理学报,2012,67(4):526-544.

[269] 李志,周生路,张红富,等.基于GWR模型的南京市住宅地价影响因素及其边际价格作用研究[J].中国土地科学,2009,23(10):20-25.

[270] 尹上岗,宋伟轩,马志飞,等.南京市住宅价格时空分异格局及其影响因素分析——基于地理加权回归模型的实证研究[J].人文地理,2018,33(3):68-77.

[271] 任国平,刘黎明,付永虎,等.基于GWR模型的都市城郊村域农户生计资本空间差异分析——以上海市青浦区为例[J].资源科学,2016,38(8):1594-1608.

[272] DICKEN P, THRIFT N. The organization of production and

the production of organization: why business enterprises matter in the study of geographical industrialization[J]. Transactions of the Institute of British Geographers, 1992, 17(3): 279-291.

[273] WANG P, ROBINS G, PATTISON P, et al. Exponential random graph models for multilevel networks[J]. Social Networks, 2013, 35(1): 96-115.

[274] SKVORETZ J, FARARO T J, AGNEESSENS F. Advances in biased net theory: definitions, derivations, and estimations[J]. Social Networks, 2004, 26(2): 113-139.

[275] CÉSAR A H R. Conditions for the emergence of scaling in the inter event time of uncorrelated and seasonal systems[J]. Physica A Statistical Mechanics & Its Applications, 2006, 369(2): 877-883.

[276] BELLINI, NICOLA, GRILLO, et al. Tourism and regional economic resilience from a policy perspective: lessons from smart specialization strategies in Europe[J]. European Planning Studies, 2017, 25(1): 140-153.

[277] ALIPERTI G, SANDHOLZ S, HAGENLOCHER M, et al. Tourism, crisis, disaster: an interdisciplinary approach[J]. Annals of Tourism Research, 2019, 79:102808.

[278] 叶五一,韦伟,缪柏其.基于非参数时变Copula模型的美国次贷危机传染分析[J].管理科学学报,2014,17(11):151-158.

[279] 彭翀,陈思宇,王宝强.中断模拟下城市群网络结构韧性研究——以长江中游城市群客运网络为例[J].经济地理,2019,39(8):68-76.

[280] BHAVATHRATHAN B K, PATIL G R. Capacity uncertainty on urban road networks: a critical state and its applicability in resilience quantification[J]. Computers, Environment and Urban Systems, 2015, 54:108-118.

[281] 黄传超,胡斌.基于复杂网络的企业关系网络的弹性研究[J].中国管理科学,2014,22(S1):686-690.

[282] 马海涛,周春山,刘逸.地理、网络与信任:金融危机背景下的生产

网络演化[J].地理研究,2012,31(6):1057-1065.

[283] 孙晶,王俊,杨新军.社会-生态系统恢复力研究综述[J].生态学报,2007(12):5371-5381.

[284] 李艳,陈雯,孙阳.关联演化视角下地理学区域韧性分析的新思考[J].地理研究,2019,38(7):1694-1704.

[285] ZENG Z, CHEN P-J, LEW A A. From high-touch to high-tech: COVID-19 drives robotics adoption [J]. Tourism Geographies, 2020, 22(3): 724-734.

[286] GRIFFITH D A, CHUN Y. Spatial autocorrelation in spatial interactions models: geographic scale and resolution implications for network resilience and vulnerability [J]. Networks and Spatial Economics, 2015, 15(2): 337-365.

[287] CAI H, LAM N S N, QIANG Y, et al. A synthesis of disaster resilience measurement methods and indices [J]. International Journal of Disaster Risk Reduction, 2018, 31:844-855.

[288] 周侃,刘宝印,樊杰.汶川Ms 8.0地震极重灾区的经济韧性测度及恢复效率[J].地理学报,2019,74(10):2078-2091.

[289] 孙久文,孙翔宇.区域经济韧性研究进展和在中国应用的探索[J].经济地理,2017,37(10):1-9.

[290] 许婵,文天祚,刘思瑶.国内城市与区域语境下的韧性研究述评[J].城市规划,2020,44(4):106-120.

[291] TRUONG C, OUDRE L, VAYATIS N. Selective review of offline change point detection methods [J]. Signal Processing, 2020, 167:107299.

[292] 朱迎波,葛全胜,魏小安,等.SARS对中国入境旅游人数影响的研究[J].地理研究,2003,22(5):551-559.

[293] 吴必虎,黄潇婷,刘培学,等.中国旅游地理研究:成果应用转化和研究技术革新[J].中国生态旅游,2021,11(1):52-65.

[294] 刘培学,朱知沛,曾湛荆,等.后疫情时代下的旅游区域韧性研究展望[J].现代城市研究,2021,13(5):19-26.

附　录

附录　A

江苏省主要旅游景区编号与基本信息

序号 FID	景区名称	景区类型	所属城市	景区等级
0	夫子庙	历史文化	南京	5A
1	玄武湖	休闲度假	南京	4A
2	朝天宫	历史文化	南京	4A
3	高淳老街	历史文化	南京	4A
4	南京科技馆	历史文化	南京	4A
5	总统府	历史文化	南京	4A
6	栖霞山	自然景观	南京	4A
7	雨花台	红色旅游	南京	4A
8	南京博物院	历史文化	南京	4A
9	宝华山森林公园	自然景观	镇江	4A
10	桠溪慢城	休闲度假	南京	4A
11	江东门纪念馆	红色旅游	南京	4A
12	金牛湖	自然景观	南京	4A
13	天目湖	自然景观	常州	5A
14	泰州溱湖	自然景观	泰州	5A
15	镇江博物馆	历史文化	镇江	4A
16	汤山紫清湖	休闲度假	南京	4A
17	鼋头渚	历史文化	无锡	5A
18	句容茅山	自然景观	镇江	5A
19	常州恐龙园	主题游乐	常州	5A
20	扬州瘦西湖	历史文化	扬州	5A
21	周恩来故里	红色旅游	淮安	5A
22	阅江楼	历史文化	南京	4A

续表

序号 FID	景区名称	景区类型	所属城市	景区等级
23	京华城	休闲度假	扬州	4A
24	常州南大街	休闲度假	常州	4A
25	阳山碑材	历史文化	南京	4A
26	春秋淹城	主题游乐	常州	4A
27	洪泽湖古堰	历史文化	淮安	4A
28	黄花塘新四军纪念馆	红色旅游	淮安	4A
29	游子山	休闲度假	南京	4A
30	吴中太湖旅游区	休闲度假	苏州	5A
31	彭祖园	历史文化	徐州	4A
32	三国城水浒城	主题游乐	无锡	5A
33	山塘街	历史文化	苏州	4A
34	云龙湖	自然景观	徐州	5A
35	凤城河风景区	历史文化	泰州	4A
36	拙政园	历史文化	苏州	5A
37	平江历史街区	历史文化	苏州	4A
38	周庄古镇	历史文化	苏州	5A
39	泰州秋雪湖	自然景观	泰州	4A
40	吴承恩故居	历史文化	淮安	4A
41	青枫公园	自然景观	常州	4A
42	南通濠河景区	历史文化	南通	5A
43	铁山寺	自然景观	淮安	4A
44	漕运博物馆	历史文化	淮安	4A
45	苏州乐园水上世界	主题游乐	苏州	4A
46	西园戒幢律寺	历史文化	苏州	4A
47	大明寺	历史文化	扬州	4A
48	第一山	自然景观	淮安	4A
49	西津渡	历史文化	镇江	4A
50	虎丘	历史文化	苏州	5A
51	水绘园	历史文化	南通	4A
52	淮安府署景区	历史文化	淮安	4A
53	溱潼古镇	历史文化	泰州	4A
54	服装城购物旅游区	休闲度假	苏州	4A
55	泗阳妈祖文化园	历史文化	宿迁	4A
56	古淮河	历史文化	淮安	4A
57	醋文化博物馆	历史文化	镇江	4A
58	洪泽湖湿地公园	自然景观	宿迁	4A
59	项王故里	历史文化	宿迁	4A

续 表

序号FID	景区名称	景区类型	所属城市	景区等级
60	李中水上森林	自然景观	泰州	4A
61	连云港革命纪念馆	红色旅游	连云港	4A
62	淮安博物馆	历史文化	淮安	4A
63	淮海战役纪念塔	红色旅游	徐州	4A
64	环球动漫嬉戏谷	主题游乐	常州	5A
65	甪直古镇	历史文化	苏州	4A
66	茱萸湾	自然景观	扬州	4A
67	宋夹城	历史文化	扬州	4A
68	南禅寺	历史文化	无锡	4A
69	团氿风景区	自然景观	无锡	4A
70	里运河文化长廊	历史文化	淮安	4A
71	留园	历史文化	苏州	5A
72	清名桥古运河景区	历史文化	无锡	4A
73	新四军江南指挥部纪念馆	红色旅游	常州	4A
74	木渎古镇	历史文化	苏州	4A
75	荷兰花海	休闲度假	盐城	4A
76	大纵湖	自然景观	盐城	4A
77	盘门	历史文化	苏州	4A
78	苏州金鸡湖	自然景观	苏州	5A
79	汉画像石艺术馆	历史文化	徐州	4A
80	锡惠景区	历史文化	无锡	4A
81	湖滨公园	主题游乐	宿迁	4A
82	东海国际水晶珠宝城	休闲度假	连云港	4A
83	东海水晶博物馆	历史文化	连云港	4A
84	新四军纪念馆	红色旅游	盐城	4A
85	渔湾	自然景观	连云港	4A
86	荡口古镇	历史文化	无锡	4A
87	米芾书法公园	历史文化	镇江	4A
88	兴化郑板桥纪念馆	历史文化	泰州	4A
89	苏州乐园	主题游乐	苏州	4A
90	徐州博物馆	历史文化	徐州	4A
91	盂城驿	历史文化	扬州	4A
92	东台黄海森林公园	自然景观	盐城	4A
93	孔望山	自然景观	连云港	4A
94	江苏学政文化区	历史文化	无锡	4A
95	叠石桥家纺馆	休闲度假	南通	4A
96	徐州乐园	主题游乐	徐州	4A

续 表

序号 FID	景区名称	景区类型	所属城市	景区等级
97	金沙湖旅游景区	自然景观	盐城	4A
98	东台西溪景区	历史文化	盐城	4A
99	口岸雕花楼景区	历史文化	泰州	4A
100	睢宁水月禅寺	历史文化	徐州	4A
101	昆山联湖村	休闲度假	苏州	4A
102	无锡动物园太湖欢乐园	主题游乐	无锡	4A
103	贾汪督公湖景区	休闲度假	徐州	4A
104	姜堰古罗塘	历史文化	泰州	4A
105	苏州湾黄金湖岸	休闲度假	苏州	4A
106	梅园横山	历史文化	无锡	4A
107	天平山	自然景观	苏州	4A
108	薛福成故居	历史文化	无锡	4A
109	双博馆	历史文化	扬州	4A
110	方塔园	历史文化	苏州	4A
111	重元寺	历史文化	苏州	4A
112	大伊山	自然景观	连云港	4A
113	永联小镇	休闲度假	苏州	4A
114	昆山亭林园	历史文化	苏州	4A
115	刺绣艺术馆	历史文化	苏州	4A
116	千灯古镇	历史文化	苏州	4A
117	中华孝道园	历史文化	常州	4A
118	蠡园公园	历史文化	无锡	4A
119	静思园	历史文化	苏州	4A
120	连岛	自然景观	连云港	4A
121	陶祖圣境	历史文化	无锡	4A
122	盐城丹顶鹤保护区	自然景观	盐城	4A
123	白马涧龙池景区	休闲度假	苏州	4A
124	华莱坞影都	主题游乐	无锡	4A
125	大丰港海洋世界	主题游乐	盐城	4A
126	云台山	自然景观	连云港	4A
127	滨江要塞旅游区	历史文化	无锡	4A
128	震泽古镇	历史文化	苏州	4A
129	邳州艾山九龙景区	自然景观	徐州	4A
130	马陵山景区	自然景观	徐州	4A
131	中国杨树博物馆	历史文化	宿迁	4A
132	悬水湖景区	自然景观	徐州	4A
133	东海羽泉	休闲度假	连云港	4A

续　表

序号 FID	景区名称	景区类型	所属城市	景区等级
134	常熟蒋巷景区	休闲度假	苏州	4A
135	太仓现代农业园	休闲度假	苏州	4A
136	射阳息心寺	历史文化	盐城	4A
137	梅李聚沙园	历史文化	苏州	4A
138	微山湖千岛湿地景区	自然景观	徐州	4A
139	光福古镇	历史文化	苏州	4A
140	阖闾城遗址	历史文化	无锡	4A
141	常州博物馆	历史文化	常州	4A
142	中华赏石园	历史文化	无锡	4A
143	无锡博物院	历史文化	无锡	4A
144	网师园	历史文化	苏州	4A
145	鸿山遗址博物馆	历史文化	无锡	4A
146	香山风景区	历史文化	苏州	4A
147	天德湖景区	自然景观	泰州	4A
148	石湖	历史文化	苏州	4A
149	红山森林动物园	主题游乐	南京	4A
150	狼山风景区	自然景观	南通	4A
151	珍珠泉	休闲度假	南京	4A
152	个园	历史文化	扬州	4A
153	龙王庙行宫	历史文化	宿迁	4A
154	蟠桃佛教文化景区	历史文化	徐州	4A
155	陶瓷博物馆	历史文化	无锡	4A
156	洋河酒厂	历史文化	宿迁	4A
157	桃花涧	历史文化	连云港	4A
158	潘安湖湿地公园	自然景观	徐州	4A
159	周园	历史文化	南京	4A
160	三台山森林公园	自然景观	宿迁	4A
161	啬园	历史文化	南通	4A
162	善卷洞	自然景观	无锡	4A
163	竹海景区	自然景观	无锡	4A
164	同里古镇	历史文化	苏州	5A
165	中华麋鹿园	自然景观	盐城	5A
166	灵山	历史文化	无锡	5A
167	中山陵	历史文化	南京	5A
168	南山	自然景观	镇江	4A
169	龙背山森林公园	自然景观	无锡	4A
170	凤鸣海景区	自然景观	徐州	4A

续　表

序号FID	景区名称	景区类型	所属城市	景区等级
171	泰伯景区	历史文化	无锡	4A
172	红军第十四军纪念馆	红色旅游	南通	4A
173	二郎神公园	历史文化	连云港	4A
174	凤凰山	自然景观	苏州	4A
175	刘老庄连纪念园	红色旅游	淮安	4A
176	沙溪古镇	历史文化	苏州	4A
177	大阳山森林公园	自然景观	苏州	4A
178	阳山桃花源	休闲度假	无锡	4A
179	寒山寺	历史文化	苏州	4A
180	汉文化景区	历史文化	徐州	4A
181	东林书院	历史文化	无锡	4A
182	梅园新村	红色旅游	南京	4A
183	云湖	自然景观	无锡	4A
184	窑湾古镇	历史文化	徐州	4A
185	崇安寺	历史文化	无锡	4A
186	东关街	历史文化	扬州	4A
187	龟山景区	历史文化	徐州	4A
188	大洞山景区	自然景观	徐州	4A
189	张公洞	自然景观	无锡	4A
190	花果山	自然景观	连云港	5A
191	太湖国家湿地公园	休闲度假	苏州	4A
192	狮子林	历史文化	苏州	4A
193	雪枫公园	红色旅游	宿迁	4A
194	西山	历史文化	苏州	4A
195	金山焦山北固山	历史文化	镇江	5A
196	上海知青纪念馆	历史文化	盐城	4A
197	锦溪古镇	历史文化	苏州	4A
198	暨阳湖生态旅游区	休闲度假	苏州	4A
199	红梅公园	历史文化	常州	4A
200	海盐历史文化景区	历史文化	盐城	4A
201	沙家浜虞山尚湖	红色旅游	苏州	5A

注：苏州园林景区包括拙政园、虎丘、留园三个独立子景区。

附录 B

多目的地旅游流中各节点主要网络结构指标

序号 FID	景区名称	度 Degree	限制度 Constraint	等级度 Hierarchy	密度 Density	接近中心性 Closeness	中介中心性 Betweenness	核心度值 Coreness
0	夫子庙	92	0.044	0.091	0.175	1.659	21.891	0.365
1	玄武湖	37	0.109	0.048	0.554	1.648	0.486	0.147
2	朝天宫	15	0.249	0.001	0.962	1.643	0.005	0.060
3	高淳老街	4	0.766	0.000	1.000	1.640	0.000	0.016
4	南京科技馆	14	0.265	0.002	0.956	1.642	0.004	0.056
5	总统府	46	0.090	0.050	0.488	1.650	0.922	0.183
6	栖霞山	7	0.481	0.021	0.810	1.641	0.007	0.028
7	雨花台	27	0.144	0.015	0.749	1.646	0.079	0.107
8	南京博物院	34	0.118	0.039	0.594	1.647	0.246	0.135
9	宝华山森林公园	3	0.926	0.000	1.000	1.640	0.000	0.012
10	桠溪慢城	7	0.485	0.013	0.857	1.641	0.004	0.028
11	江东门纪念馆	31	0.127	0.025	0.684	1.647	0.141	0.123
12	金牛湖	1	1.000	1.000	0.000	1.640	0.000	0.004
13	天目湖	25	0.146	0.031	0.547	1.647	1.472	0.099
14	泰州溱湖	0	0.000	0.000	0.000	0.000	0.000	0.000
15	镇江博物馆	29	0.135	0.022	0.692	1.647	0.120	0.115
16	汤山紫清湖	1	1.000	1.000	0.000	1.640	0.000	0.004
17	鼋头渚	54	0.078	0.083	0.371	1.652	3.632	0.214
18	句容茅山	8	0.437	0.004	0.929	1.641	0.001	0.032
19	常州恐龙园	7	0.484	0.005	0.857	1.642	0.007	0.028
20	扬州瘦西湖	62	0.070	0.099	0.330	1.654	5.253	0.246
21	周恩来故里	14	0.244	0.032	0.385	1.643	1.398	0.056
22	阅江楼	13	0.284	0.000	1.000	1.642	0.000	0.052
23	京华城	16	0.235	0.017	0.792	1.643	0.022	0.064
24	常州南大街	8	0.377	0.039	0.536	1.642	0.839	0.032
25	阳山碑材	0	0.000	0.000	0.000	0.000	0.000	0.000
26	春秋淹城	6	0.536	0.023	0.733	1.642	0.098	0.024
27	洪泽湖古堰	5	0.627	0.024	0.800	1.641	0.109	0.020
28	黄花塘新四军纪念馆	0	0.000	0.000	0.000	0.000	0.000	0.000
29	游子山	0	0.000	0.000	0.000	0.000	0.000	0.000
30	吴中太湖旅游区	35	0.115	0.037	0.570	1.648	0.745	0.139
31	彭祖园	7	0.468	0.048	0.667	1.629	0.092	0.028
32	三国城水浒城	25	0.154	0.015	0.773	1.646	0.140	0.099
33	山塘街	42	0.094	0.032	0.559	1.649	1.286	0.167
34	云龙湖	9	0.338	0.054	0.472	1.642	1.644	0.036

续表

序号 FID	景区名称	度 Degree	限制度 Constraint	等级度 Hierarchy	密度 Density	接近中心性 Closeness	中介中心性 Betweenness	核心度值 Coreness
35	凤城河风景区	15	0.247	0.010	0.781	1.643	0.025	0.060
36	拙政园	51	0.081	0.045	0.455	1.650	1.441	0.203
37	平江历史街区	37	0.108	0.030	0.605	1.648	0.743	0.147
38	周庄古镇	32	0.123	0.019	0.696	1.647	0.348	0.127
39	泰州秋雪湖	13	0.283	0.018	0.782	1.643	0.024	0.052
40	吴承恩故居	4	0.704	0.057	0.667	1.625	0.004	0.016
41	青枫公园	3	0.926	0.000	1.000	1.628	0.000	0.012
42	南通濠河景区	2	1.125	0.000	1.000	1.623	0.000	0.008
43	铁山寺	7	0.472	0.037	0.667	1.641	0.131	0.028
44	漕运博物馆	4	0.766	0.000	1.000	1.641	0.000	0.016
45	苏州乐园水上世界	17	0.221	0.017	0.765	1.644	0.164	0.068
46	西园戒幢律寺	39	0.102	0.026	0.606	1.648	0.364	0.155
47	大明寺	18	0.211	0.017	0.778	1.644	0.037	0.071
48	第一山	0	0.000	0.000	0.000	0.000	0.000	0.000
49	西津渡	22	0.174	0.010	0.818	1.645	0.035	0.087
50	虎丘	32	0.122	0.010	0.772	1.647	0.053	0.127
51	水绘园	2	0.500	0.000	0.000	1.623	0.697	0.008
52	淮安府署景区	9	0.382	0.071	0.528	1.642	0.228	0.036
53	溱潼古镇	8	0.439	0.000	1.000	1.641	0.000	0.032
54	服装城购物旅游区	0	0.000	0.000	0.000	0.000	0.000	0.000
55	泗阳妈祖文化园	1	1.000	1.000	0.000	0.493	0.000	0.004
56	古淮河	6	0.524	0.073	0.600	1.641	0.288	0.024
57	醋文化博物馆	8	0.439	0.000	1.000	1.641	0.000	0.032
58	洪泽湖湿地公园	2	1.125	0.000	1.000	1.623	0.000	0.008
59	项王故里	5	0.588	0.135	0.500	1.636	0.168	0.020
60	李中水上森林	17	0.211	0.030	0.640	1.644	0.747	0.068
61	连云港革命纪念馆	0	0.000	0.000	0.000	0.000	0.000	0.000
62	淮安博物馆	3	0.926	0.000	1.000	1.625	0.000	0.012
63	淮海战役纪念塔	6	0.551	0.012	0.867	1.642	0.125	0.024
64	环球动漫嬉戏谷	1	1.000	1.000	0.000	1.631	0.000	0.004
65	甪直古镇	23	0.166	0.009	0.798	1.646	0.155	0.091
66	茱萸湾	7	0.493	0.000	1.000	1.641	0.000	0.028
67	宋夹城	8	0.439	0.000	1.000	1.641	0.000	0.032
68	南禅寺	16	0.235	0.045	0.642	1.644	0.262	0.064
69	团沈风景区	2	0.500	0.000	0.000	1.623	0.002	0.008
70	里运河文化长廊	3	0.840	0.074	0.667	1.625	0.002	0.012
71	留园	39	0.102	0.027	0.590	1.648	0.517	0.155
72	清名桥古运河景区	37	0.110	0.069	0.506	1.648	1.295	0.147
73	新四军江南指挥部纪念馆	1	1.000	1.000	0.000	1.628	0.000	0.004
74	木渎古镇	13	0.283	0.007	0.885	1.643	0.064	0.052

续 表

序号 FID	景区名称	度 Degree	限制度 Constraint	等级度 Hierarchy	密度 Density	接近中心性 Closeness	中介中心性 Betweenness	核心度值 Coreness
75	荷兰花海	3	0.926	0.000	1.000	1.641	0.000	0.012
76	大纵湖	4	0.766	0.000	1.000	1.641	0.000	0.016
77	盘门	17	0.219	0.010	0.890	1.645	0.263	0.068
78	苏州金鸡湖	0	0.000	0.000	0.000	0.000	0.000	0.000
79	汉画像石艺术馆	6	0.551	0.012	0.867	1.629	0.018	0.024
80	锡惠景区	10	0.356	0.016	0.800	1.642	0.063	0.040
81	湖滨公园	4	0.684	0.168	0.500	1.641	0.230	0.016
82	东海国际水晶珠宝城	1	1.000	1.000	0.000	0.493	0.000	0.004
83	东海水晶博物馆	1	1.000	1.000	0.000	0.493	0.000	0.004
84	新四军纪念馆	2	1.125	0.000	1.000	1.641	0.000	0.008
85	渔湾	1	1.000	1.000	0.000	1.605	0.000	0.004
86	荡口古镇	4	0.766	0.000	1.000	1.634	0.000	0.016
87	米芾书法公园	1	1.000	1.000	0.000	1.628	0.000	0.004
88	兴化郑板桥纪念馆	1	1.000	1.000	0.000	1.626	0.000	0.004
89	苏州乐园	10	0.361	0.000	1.000	1.634	0.000	0.040
90	徐州博物馆	2	1.125	0.000	1.000	1.623	0.000	0.008
91	孟城驿	0	0.000	0.000	0.000	0.000	0.000	0.000
92	东台黄海森林公园	1	1.000	1.000	0.000	1.623	0.000	0.004
93	孔望山	4	0.704	0.057	0.667	1.642	0.688	0.016
94	江苏学政文化区	0	0.000	0.000	0.000	0.000	0.000	0.000
95	叠石桥家纺馆	0	0.000	0.000	0.000	0.000	0.000	0.000
96	徐州乐园	4	0.766	0.000	1.000	1.625	0.000	0.016
97	金沙湖旅游景区	0	0.000	0.000	0.000	0.000	0.000	0.000
98	东台西溪景区	0	0.000	0.000	0.000	0.000	0.000	0.000
99	口岸雕花楼景区	6	0.560	0.000	1.000	1.641	0.000	0.024
100	睢宁水月禅寺	0	0.000	0.000	0.000	0.000	0.000	0.000
101	昆山联湖村	10	0.360	0.003	0.933	1.634	0.002	0.040
102	无锡动物园太湖欢乐园	0	0.000	0.000	0.000	0.000	0.000	0.000
103	贾汪督公湖景区	2	1.125	0.000	1.000	1.624	0.000	0.008
104	姜堰古罗塘	0	0.000	0.000	0.000	0.000	0.000	0.000
105	苏州湾黄金湖岸	20	0.189	0.011	0.842	1.645	0.196	0.079
106	梅园横山	9	0.395	0.002	0.944	1.643	0.003	0.036
107	天平山	6	0.555	0.004	0.933	1.630	0.000	0.024
108	薛福成故居	4	0.766	0.000	1.000	1.633	0.000	0.016
109	双博馆	14	0.265	0.005	0.879	1.642	0.007	0.056
110	方塔园	2	1.125	0.000	1.000	1.640	0.000	0.008
111	重元寺	1	1.000	1.000	0.000	1.630	0.000	0.004
112	大伊山	0	0.000	0.000	0.000	0.000	0.000	0.000
113	永联小镇	0	0.000	0.000	0.000	0.000	0.000	0.000

续 表

序号 FID	景区名称	度 Degree	限制度 Constraint	等级度 Hierarchy	密度 Density	接近中心性 Closeness	中介中心性 Betweenness	核心度值 Coreness
114	昆山亭林园	1	1.000	1.000	0.000	1.615	0.000	0.004
115	刺绣艺术馆	6	0.560	0.000	1.000	1.632	0.000	0.024
116	千灯古镇	9	0.393	0.006	0.889	1.643	0.064	0.036
117	中华孝道园	3	0.926	0.000	1.000	1.641	0.000	0.012
118	蠡园公园	3	0.926	0.000	1.000	1.634	0.000	0.012
119	静思园	2	1.125	0.000	1.000	1.630	0.000	0.008
120	连岛	0	0.000	0.000	0.000	0.000	0.000	0.000
121	陶祖圣境	2	1.125	0.000	1.000	1.624	0.000	0.008
122	盐城丹顶鹤保护区	1	1.000	1.000	0.000	1.623	0.000	0.004
123	白马涧龙池景区	2	1.125	0.000	1.000	1.628	0.000	0.008
124	华莱坞影都	4	0.766	0.000	1.000	1.634	0.000	0.016
125	大丰港海洋世界	1	1.000	1.000	0.000	1.623	0.000	0.004
126	云台山	0	0.000	0.000	0.000	0.000	0.000	0.000
127	滨江要塞旅游区	0	0.000	0.000	0.000	0.000	0.000	0.000
128	震泽古镇	3	0.926	0.000	1.000	1.630	0.000	0.012
129	邳州艾山九龙景区	0	0.000	0.000	0.000	0.000	0.000	0.000
130	马陵山景区	0	0.000	0.000	0.000	0.000	0.000	0.000
131	中国杨树博物馆	1	1.000	1.000	0.000	0.493	0.000	0.004
132	悬水湖景区	0	0.000	0.000	0.000	0.000	0.000	0.000
133	东海羽泉	0	0.000	0.000	0.000	0.000	0.000	0.000
134	常熟蒋巷景区	0	0.000	0.000	0.000	0.000	0.000	0.000
135	太仓现代农业园	0	0.000	0.000	0.000	0.000	0.000	0.000
136	射阳息心寺	0	0.000	0.000	0.000	0.000	0.000	0.000
137	梅李聚沙园	0	0.000	0.000	0.000	0.000	0.000	0.000
138	微山湖千岛湿地景区	0	0.000	0.000	0.000	0.000	0.000	0.000
139	光福古镇	0	0.000	0.000	0.000	0.000	0.000	0.000
140	阖闾城遗址	0	0.000	0.000	0.000	0.000	0.000	0.000
141	常州博物馆	0	0.000	0.000	0.000	0.000	0.000	0.000
142	中华赏石园	0	0.000	0.000	0.000	0.000	0.000	0.000
143	无锡博物院	0	0.000	0.000	0.000	0.000	0.000	0.000
144	网师园	0	0.000	0.000	0.000	0.000	0.000	0.000
145	鸿山遗址博物馆	0	0.000	0.000	0.000	0.000	0.000	0.000
146	香山风景区	9	0.396	0.000	1.000	1.634	0.000	0.036
147	天德湖景区	0	0.000	0.000	0.000	0.000	0.000	0.000
148	石湖	32	0.121	0.035	0.560	1.647	1.372	0.127
149	红山森林动物园	6	0.560	0.000	1.000	1.641	0.000	0.024
150	狼山风景区	5	0.400	0.023	0.200	1.641	2.751	0.020
151	珍珠泉	3	0.926	0.000	1.000	1.640	0.000	0.012
152	个园	45	0.091	0.046	0.501	1.650	0.610	0.179
153	龙王庙行宫	2	1.125	0.000	1.000	1.623	0.000	0.008
154	蟠桃佛教文化景区	0	0.000	0.000	0.000	0.000	0.000	0.000

续　表

序号 FID	景区名称	度 Degree	限制度 Constraint	等级度 Hierarchy	密度 Density	接近中心性 Closeness	中介中心性 Betweenness	核心度值 Coreness
155	陶瓷博物馆	2	1.125	0.000	1.000	1.624	0.000	0.008
156	洋河酒厂	0	0.000	0.000	0.000	0.000	0.000	0.000
157	桃花涧	4	0.704	0.057	0.667	1.642	0.688	0.016
158	潘安湖湿地公园	13	0.231	0.022	0.321	1.643	2.770	0.052
159	周园	0	0.000	0.000	0.000	0.000	0.000	0.000
160	三台山森林公园	8	0.379	0.030	0.429	1.641	1.046	0.032
161	啬园	2	1.125	0.000	1.000	1.623	0.000	0.008
162	善卷洞	0	0.000	0.000	0.000	0.000	0.000	0.000
163	竹海景区	8	0.371	0.064	0.357	1.642	0.914	0.032
164	同里古镇	36	0.110	0.027	0.617	1.648	0.850	0.143
165	中华麋鹿园	7	0.291	0.086	0.190	1.641	2.084	0.028
166	灵山	47	0.086	0.062	0.448	1.650	1.979	0.187
167	中山陵	58	0.074	0.078	0.376	1.652	1.893	0.230
168	南山	29	0.133	0.040	0.567	1.647	1.023	0.115
169	龙背山森林公园	3	0.611	0.052	0.333	1.641	0.308	0.012
170	凤鸣海景区	2	1.125	0.000	1.000	1.624	0.000	0.008
171	泰伯景区	0	0.000	0.000	0.000	0.000	0.000	0.000
172	红军第十四军纪念馆	1	1.000	1.000	0.000	1.604	0.000	0.004
173	二郎神公园	0	0.000	0.000	0.000	0.000	0.000	0.000
174	凤凰山	0	0.000	0.000	0.000	0.000	0.000	0.000
175	刘老庄连纪念园	0	0.000	0.000	0.000	0.000	0.000	0.000
176	沙溪古镇	1	1.000	1.000	0.000	1.640	0.000	0.004
177	大阳山森林公园	14	0.265	0.014	0.824	1.634	0.027	0.056
178	阳山桃花源	0	0.000	0.000	0.000	0.000	0.000	0.000
179	寒山寺	4	0.766	0.000	1.000	1.632	0.000	0.016
180	汉文化景区	22	0.168	0.006	0.619	1.647	1.292	0.087
181	东林书院	3	0.926	0.000	1.000	1.633	0.000	0.012
182	梅园新村	20	0.190	0.010	0.837	1.645	0.032	0.079
183	云湖	6	0.400	0.095	0.267	1.641	0.902	0.024
184	窑湾古镇	1	1.000	1.000	0.000	1.623	0.000	0.004
185	崇安寺	2	1.125	0.000	1.000	1.633	0.000	0.008
186	东关街	51	0.083	0.066	0.428	1.651	1.440	0.203
187	龟山景区	0	0.000	0.000	0.000	0.000	0.000	0.000
188	大洞山景区	1	1.000	1.000	0.000	1.624	0.000	0.004
189	张公洞	0	0.000	0.000	0.000	0.000	0.000	0.000
190	花果山	3	0.611	0.052	0.333	1.623	0.697	0.012
191	太湖国家湿地公园	6	0.560	0.000	1.000	1.632	0.000	0.024
192	狮子林	51	0.081	0.045	0.455	1.650	1.441	0.203
193	雪枫公园	0	0.000	0.000	0.000	0.000	0.000	0.000
194	西山	29	0.136	0.031	0.648	1.647	0.442	0.115

续 表

序号 FID	景区名称	度 Degree	限制度 Constraint	等级度 Hierarchy	密度 Density	接近中心性 Closeness	中介中心性 Betweenness	核心度值 Coreness
195	金山焦山北固山	26	0.149	0.012	0.769	1.646	0.062	0.103
196	上海知青纪念馆	0	0.000	0.000	0.000	0.000	0.000	0.000
197	锦溪古镇	11	0.305	0.017	0.764	1.634	0.700	0.044
198	暨阳湖生态旅游区	0	0.000	0.000	0.000	0.000	0.000	0.000
199	红梅公园	1	1.000	1.000	0.000	1.623	0.000	0.004
200	海盐历史文化景区	0	0.000	0.000	0.000	0.000	0.000	0.000
201	沙家浜虞山尚湖	23	0.165	0.014	0.798	1.646	0.112	0.091

后　记

犹记得,十数年前夜幕中第一次看到的老校区大门,它不怎么高大,朴素却又震撼。前几日路过,还是依旧的样子。慢吞吞的性格,让我有幸人生中最重要的岁月里,在南京大学丰富了体验,并不断成长成熟。经过漫长的磨砺的过程,完成了博士论文,并在此基础上,以近两年的最新思考增删提炼成此拙作。

首先要感谢南京大学张建新教授与黄贤金教授,因为这两位教授有意为之或无心插柳地把我这土地资源管理硕士生推到旅游地理学的大门前。感谢张建新老师在十数年里对我亦师亦父的关爱、支持与指导;感谢黄贤金老师给我数次锻炼机会和关键性的帮助,让我得以开阔眼界,我将永记于心。

特别感谢张捷教授。在我徘徊在学术大门前,不得其门而入的时候,是先生帮助了彷徨的我。先生他注重因材施教,指导基础薄弱的我尝试"Critical Thinking"来启发思维和开展研究;他擅长耳提面命,"霸道"地激励我勇敢尝试敲开顶级期刊的门;他注重言传身教,给我们做好表率,每周例会风雨无阻。在他古朴的办公室里,先生指导我研究前沿问题的时候,我总是受益于他的学识渊博与深入浅出、正直与风趣、严谨与睿智,而我家淇淇念念不忘他给叠的"飞得最远的纸飞机"。得遇这位真正的大师是我一生之幸。

感谢章锦河教授,他扎实的理论功底和丰富的研究成果对本书写作有很大的借鉴;感谢张宏磊师兄对我学习生活的方方面面给予了很多指导与帮助。感谢美国天普大学杨旸教授数次分享科研经验,感谢许多青年才俊与我分享学术信息和成功经验。特别感谢佘江峰教授热心而坚定地支持。感谢桐竹斋诸位给我的鼓励与帮助。

感谢江苏省文化与旅游厅的蔡晓川主任带我走进旅游大数据的高门大院,送我的"黑法师"已伴我六年有余。感谢自然资源部中国土地勘测规划院姚丽主任,难忘旅游用地政策项目时云南海南调研之行,字字珠玑的详尽指导让我受益至今。感谢溧阳汤全明老师、昆明老盖老师、上海王海明老师和江门杨剑明老师等前辈多年来给我许多锻炼成长的机会。

感谢亲朋好友对我漫长求学生涯的支持,怀念我的二叔。我那不识字的母亲前几天还在盘算,如果从我幼儿园起"上学"已经三十年了。学,既是我的名,也几乎是我已有的所有生命记忆。"花有重开日,人无再少年",日子总是难过,而时间总是易逝,烦恼而成长,沮丧又充实,则三十而立。想当年,次债危机还没传导到中国,现在中美贸易战、新冠疫情都叠加存在数年矣。庆幸我生在这样一个蒸蒸日上的国家,是时候,结束我的"大门"的故事,融入到新时代的大潮中……

刘培学

于南京仙林

2021 年 9 月 1 日

图书在版编目(CIP)数据

旅游空间交互网络与区域嵌套机制研究 / 刘培学著
. —南京：南京大学出版社，2022.9
(南京大学人文地理优秀博士文丛 / 黄贤金等主编)
ISBN 978-7-305-24823-8

Ⅰ.①旅… Ⅱ.①刘… Ⅲ.①旅游客源－研究－中国 Ⅳ.①F592.6

中国版本图书馆CIP数据核字(2021)第192261号

出版发行　南京大学出版社
社　　址　南京市汉口路22号　　邮　编　210093
出 版 人　金鑫荣

丛 书 名　南京大学人文地理优秀博士文丛
书　　名　**旅游空间交互网络与区域嵌套机制研究**
著　　者　刘培学
责任编辑　荣卫红　　　　　　　编辑热线　025-83685720

照　　排　南京开卷文化传媒有限公司
印　　刷　南京玉河印刷厂
开　　本　718 mm×1000 mm　1/16　印张13.25　字数204千
版　　次　2022年9月第1版　2022年9月第1次印刷
ISBN 978-7-305-24823-8
定　　价　58.00元

网　　址：http://www.njupco.com
官方微博：http://weibo.com/njupco
官方微信号：njupress
销售咨询热线：(025)83594756

＊版权所有，侵权必究
＊凡购买南大版图书，如有印装质量问题，请与所购
　图书销售部门联系调换